保険代理店の

生産性1500万円モデル

尾籠 裕之 著

保険毎日新聞社

◉はじめに◉

この本は 2006 年に上梓した『保険代理店の「戦略的事務構築論」』(以下前著)の続編です。前著においては、仕事のやり方と生産性との関係を代理店へのアンケート調査で分析し、仕事のやり方の数値が高いほど生産性が高いという分析結果を紹介しています。さらに、生産性を上げるにはどういう順番で仕事のやり方のレベルを上げていけばいいのかを「業績向上モデル」(その後「代理店成長モデル」と変更)で提示しています。

その後、損保大手各社の代理店への業務改善プログラムに参加し、代理店成長モデルの実証を重ねていき、大幅な事務効率化と事務担当者の役割拡大を経験しました。内務業務の改善を進めながら、営業活動の標準化にも着手しました。それまでの勘と経験による営業プロセスに、マーケティングセオリーを適用して標準営業活動と名付け、代理店の営業担当者へのコーチングという形で経験を積み重ねました。

代理店成長モデルの柱は、事務効率化、事務の役割拡大、標準営業活動です。

代理店成長モデルを提唱して 10 年、一定の成果を得ることができたので 2017 年に「代理店成長モデル」を上梓しました。

昨年 (2020 年)、改めて仕事のやり方と生産性の関係を確認すべく、成長モデルレベル調査を行いました。この調査で分かったことは 2006 年から 2020 年の間に、代理店の規模が大きくなり、仕事のやり方レベルが向上し、生産性も上がっ

たということでした。代理店成長モデルで提唱した仮説は間違っていなかったと考えています。

　しかし、代理店成長モデルを現場で実践しているうちに、モデルそのものにまだまだ改善できる課題が多いということも分かりました。この課題を解決できれば生産性をさらに上げることができる、そう考えました。

　幸いなことに、代理店成長モデルを実践してくれた代理店や保険会社が課題解決にチャレンジし、課題解決の姿が見えてきました。

　代理店成長モデルでは、当時の代理店の社長さんたちとの話をもとに生産性1000万円を目標にしました。当時の生産性が700万円強だったのと、中小企業の生産性（一人当たりの粗利）の目標値が1000万円であったからです。代理店成長モデルを多くの代理店に説明しましたが、生産性1000万円という目標に「元気が出る目標だ」という反応が多かったことを覚えています。

　昨年の成長モデルレベル調査の結果、現在の生産性は900万円強あるということが分かりました。この15年間で効率化、役割拡大が進み、生産性が上がったということも、信頼度の高い分析結果として得ています。ということで新たな目標設定の時期になっていると考えました。

　代理店成長モデルでの課題を解決していくとたどり着く目標はどのくらいかを考え、次の目標値は生産性1500万円だとしました。目標達成までの道筋は見えていると考えていますが、課題解決のためには代理店経営の構造変革が必要であ

り、決してやさしい目標ではないと考えています。

　生産性1500万円モデルは、事務と営業の役割変革、営業プロセスの組織化、事務による組織力強化を柱としています。いずれも代理店の組織化を必要としています。多くのハードルがあり、社長だけでなく代理店チームとして課題解決に当たることで達成できる目標です。

　この本では、生産性1500万円モデルの構造とやり方を説明します。代理店成長モデルと同様、生産性1500万円モデルもマーケティングセオリーにももとづいて、市場の振る舞いの特性に事務と営業の仕事のやり方を合わせます。その中に、保険代理店の特徴である更改ビジネスモデルの特性を活用することも含んでいます。

　代理店成長モデルの経験にもとづいたやり方ですので、成長モデルの実績も合わせて説明しています。2017年上梓の「代理店成長モデル」と重複する部分もありますが、初めて読まれる方にもご理解いただけるようにしているということでご了承ください。

　組織力を強化して生産性を上げることを目標にしている代理店の方々に読んでいただき、目標達成の一助にしていただければありがたいです。

2021年7月

尾　籠　裕　之

◉目　次◉

4章 組織力向上を事務が担当する —————————— 47

5章 営業の役割を絞る ————————————————— 83

6章　案件会議 —————————— 109

代理店成長モデルから
生産性 1500 万円モデルへ

2006 年に出版した『保険代理店の「戦略的事務構築論」』（Inspress@ 績文堂）において、代理店成長モデルのひな型を提示しています。その主旨は、

・代理店の生産性目標を 1000 万円とする
・生産性と相関がある仕事を特定し、該当の仕事のレベルを向上する
・事務を効率化し事務を戦力にする
・営業のやり方も標準化を目指す

というものでした。

　代理店成長モデルを発表するに至ったきっかけは、2005 年を中心に行ったアンケート調査（事務格付け調査）です。この調査は生産性に関係ありそうな仕事を 29 項目定義し、それぞれにレベルが分かる文章を記載し、最も実情に近いレベルを代理店に選んでもらうというものです。それに生産性を算出するための従業員数、手数料売上額も記載してもらいます。

　このアンケート結果（図 1-1）は、予測していたよりも高い相関が生産性と仕事のやり方にあるということを示すものでした。驚くと同時にすごい宝物を見つけたと感じたことを覚えています。

1
章

1

[図 1-1] 生産性と関係の大きな項目と生産性との関係（2006年調査）

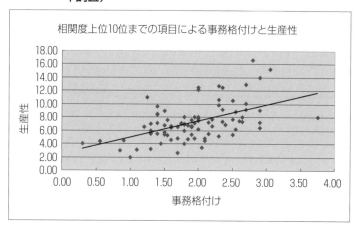

　それはさておき、仕事のやり方をどうやったら向上させるかですが、内務業務を改善し、顧客接点業務を向上させるというバランススコアカードの手法を採用したのが代理店成長モデルです（図1-2）。この考えにもとづくと、

・最初に効率化を進める
・効率化が進んだら事務の役割を拡大する
・事務の戦力化を含め営業活動を標準化する

という実施工程ができてきました。

　幸いこの10年の間に大手損保会社が代理店の業務改善支援を会社のプログラムとして実施し、大きな効率化を果たしました。私もアドバイザーとして保険会社のプログラムに参加し、実施内容をつぶさに拝見したり、実際に代理店の業務改善プロジェクトに参加したりしました。

[図 1-2] 代理店成長モデル

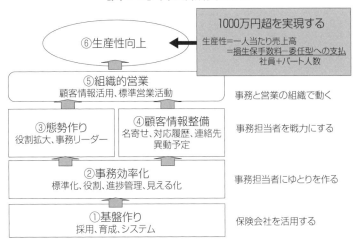

その結果、大幅な効率化と事務の役割拡大が実現しました（図1-3）。大まかな数字ですが、業務改善プログラムの前と後とでは同等の作業を行う時間が半減したのです。非常に大

[図 1-3] 東京海上日動社の効率化事例

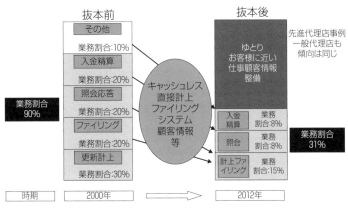

きな成果が出たと考えています。

　2005 年に行ったアンケート調査と似たような調査を 2020 年から 21 に年にかけて行いました（成長モデルレベル調査。後述 4 章 8 参照）。それによると、確かに仕事のやり方のレベルが上がり、生産性も上がっています。この調査は調査代理店の選定に一定の条件がかかっていますので、統計的な信頼度には問題がありますが、参考値としてみたとしてもこの 10 年の傾向を表しているといえます。つまり、効率化で事務の戦力化が進み、その結果生産性が上がったということです。

　一方営業の標準化については事務の効率化を確認した後に開始しました。2014 年までに標準化の成功事例を集め、一定のやり方で営業活動を行うことで生産性が上がるはずだ、というモデルを開発しました。それが標準営業活動です[*1]。

　標準営業活動はマーケティングセオリーを採用しています。マーケティングセオリーとは市場の振る舞いの特性を把握し、市場の振る舞いに合わせた活動を行うと無駄を少なくして成果が上がるという考えです。現在世界中で成功している会社の多くはこの考えにもとづいて戦略を立てて実行しています。ただし、規制産業においては市場の振る舞いよりも国民の利便性を優先するという考えをとることが多いので、マーケティングセオリーとは異なる戦略をとらざるを得ない

＊1　拙書「代理店成長モデル」（2017 年　Inspress@ 績文堂　第 4 章、5 章）

ことがあります。保険業界も規制産業の一つですので、標準営業活動で採用したやり方とはバッティングすることもあります。とはいえ、代理店は市場に直接接していますので、市場の振る舞いに沿って活動するほうが無駄が少ないと考えて、標準営業活動を進めました。

　その結果、標準営業活動に沿った活動が案件創出につながり、高い新規成約に関係するということがデータで分かりました（図1-4）。層別化を行い、ターゲット顧客層に対し、成熟期の戦略（既契約確認等）に従った活動を行うことにより、面談したお客様の6割以上から新規成約ができたというものです。このことも代理店成長モデルの効果につながりました。

　ということで順調に成果を上げ続けていた代理店成長モデルですが、課題も出てきました。

[図 1-4] 活動レベルは成約率に大きな影響を与える

担当者別　成約率と活動レベル

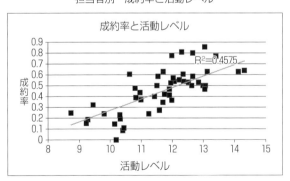

活動レベル＝標準営業活動の基本動作習得度
基本動作の習得度が上がると成約率が上がっていく

それは継続性です。

事務の効率化、役割拡大がひと段落するとそこで止まってしまう、組織に停滞感が出てくるのです。次に何をしたらいいのかが見えにくくなります。

標準営業活動も同じで、プロジェクトが続いている間（ファシリテーター役がきちんといる間）は一定のやり方を続けるのですが、プロジェクトが終わると元に戻ってしまうのです。今までに経験した数十の事例の多くでこの事象が起きました。

ということで、継続性を持った活動にしたいというのが生産性1500万円モデルを考えた一つの理由です。

もう一つの理由は、生産性1000万円は目標ではなくなったということです。後述（4章8）するように最新のアンケート調査から分かったことは、生産性1000万円を超えている代理店が大幅に増えているのです。生産性が1000万円を超える原因は統計分析からは特定できませんが、事務の効率化と役割拡大が一定の相関を持っていることが統計的に示されています。代理店成長モデルを説明するときに、事務の効率化ができれば生産性800万円、事務の役割拡大ができれば生産性1000万円、標準営業活動ができれば生産性1200万円ということ（以上は仮説）を申し上げましたが、現実はそれに近い数字になっています。

したがって、新たな生産性の目標は1000万円ではなく、1500万円が妥当だと考えました。

では、生産性を1500万円に上げるやり方はあるのかとい

うことですが、代理店成長モデルで分かった課題の中にその
やり方があると考えました。

　その一つは事務の一層の戦力化です。事務の戦力化は進ん
でいますが、それでも戦力化の範囲は営業の補助です。事務
が自らの力で代理店収益の一翼を担う、ここまで行けると考
えていました。

　複数の代理店が事務の役割に更改の一部を正式に担当する
ようにしました。その結果はいずれの代理店も手応えを感じ
るものでした。継続率、補償の確認、代理店のお勧め受け入
れ率等で期待以上の結果が出たのです。ということで、生産
性1500万円モデルは、事務が一定の更改案件を正式に持つ
としています。事務の戦力化を一歩進めて事務の中核化とい
えます。

　二つ目は営業のやり方です。複数の代理店で、標準営業活
動に組織的な更改面談準備を加えたところ、以前のやり方よ
りも担当者の参加意識が高まったという評価が出たのです。
活動の振り返りが中心だった標準営業活動に、事前の準備活
動を組織的に行うことを追加したのです。その結果、参加者
の参画意識が高まり、継続意欲が高まりました。社長の評価
も高くなり、標準活動に対する継続性が出てきたということ
です。このやり方を参考にして、生産性1500万円モデルで
は案件会議と名付け、営業プロセスを再構成しました。

　三つ目は組織力強化です。保険会社の代理店業務支援プロ
グラムを通して代理店の業務改善プロジェクトが進み、効率

化と役割拡大が進みました。しかし、プロジェクトが終わると効率化・役割拡大に停滞が生じるのです。いくつかの代理店でPDCAのやり方を修正し、継続性を持たせるようにしました。事務がPDCAを回し継続性を持たせる、このやり方を生産性1500万円モデルに取り入れました。

　以上のことから、代理店成長モデルを生産性1500万円モデルにグレードアップしようと決めました。生産性1500万円モデルは、代理店成長モデルで確認できた効果のあるやり方を継承し、代理店成長モデルで出てきた課題を解決し、生産性を1500万円に高めるモデルです。

((コラム))…生産性について

　　この本は生産性をテーマにしています。生産性という言葉が保険業界においてこの20年間どのように受け止められてきたか、当事者としての経験（体感）をお話ししてみたいと思います。
　　保険業界で生産性という言葉をはじめて使ったのは私ではないかと思います。そう思う理由は、生産性という言葉を使い始めた2000年代の前半は、生産性とは何かから説明しないと話が始まらなかったからです。
　　当時保険会社の人に代理店の生産性はどのくらいかと聞いても、何を話しているのかという顔をされました。保険会社にとっては代理店の評価は収保で決まるものであって、生産性というのは関係のない指標だったからです。では、

代理店は自分の実入りに関係するので生産性に関心があるだろうと思って話しても、やはり生産性とは何かから話さないと話にならなかったのです。このように生産性という言葉は当時市民権がありませんでした。

　2000 年代も後半に移ると、2 代目社長が増えてきました。生産性という言葉に最初に反応を示したのが 2 代目社長でした。生産性の目標を 1000 万円にしたらどうか、というアイデアは 2 代目社長の反応から出たものです。

　ネットで「中小企業　一人当たり粗利益」と検索すると、中小企業のコンサルティングを行っている人たちの生産性に関する論点が分かります。そこで共通しているのは中小企業の生産性目標は 1000 万円であり、1200 万円が理想というものです。2 代目社長は勉強熱心な人が多いので、こういう話が頭にあったのかもしれません。

　少しずつですが生産性という言葉が認知され、2010 年代も後半になると生産性とは何かという説明はいらなくなりました。というわけで生産性 1500 万円という言葉を題名にしても大丈夫だろうと思っています。

　中小企業診断士によると人件費の割合は粗利の 60% だということですので、生産性 1500 万円であれば給与は 900 万円ということになります。この数字は従業員にとって元気の出る数字だと思います。保険代理店という業態が名実ともに存在価値を発揮できる数字だと思います。

2章　生産性 1500 万円モデルの構造

1　経営資源の配分を市場の特性に合わせる

　いきなり聞きなれない言葉で始めて申し訳ありません。経営資源とは社長、営業、事務の時間のことを指しています。通常はヒト、モノ、カネのことを指しますが、代理店運営における経営資源は従業員の時間が圧倒的に大きいのでこういう言葉にしました。

　さて、経営資源の配分は多くの企業にとっても重要なことです。その際に多くの企業が基準として使っているのがポートフォリオマネジメントという手法です。この手法は 1970 年代にボストンコンサルティンググループ（BCG）やマッキンゼーが提唱した手法で、市場を競合力と魅力という２つの軸で層分けして、層ごとの特性に合わせて商品や社員の配分を行うというものです（図 2-1）。この手法を採用した著名企業（GE や IBM 等）の成功により世界中に広がり、現在でも多くの企業が使っています。

　この手法でお客様を層別すると、自社の増収を支えてくれる層や、うまくいけば将来支えてくれそうな層や、一定の接触を保てば収入を維持してくれる層などを特定することがで

11

[図2-1] セグメンテーション

経営資源の投入基準を区分けするための層別化
(「市場ポジショニング」「ポートフォリオマネジメント」ともいわれている)

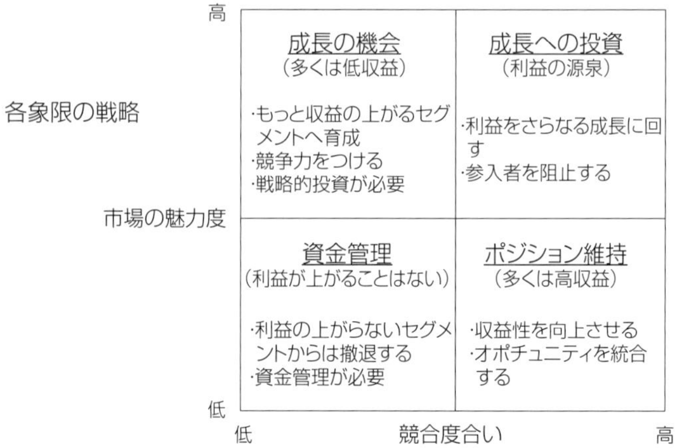

	高	
	成長の機会 （多くは低収益）	**成長への投資** （利益の源泉）
各象限の戦略	・もっと収益の上がるセグメントへ育成 ・競争力をつける ・戦略的投資が必要	・利益をさらなる成長に回す ・参入者を阻止する
市場の魅力度	**資金管理** （利益が上がることはない）	**ポジション維持** （多くは高収益）
	・利益の上がらないセグメントからは撤退する ・資金管理が必要	・収益性を向上させる ・オポチュニティを統合する
低		
低	競合度合い	高

きます。多くの創業経営者はこの手法を使わなくても、長年の経験と勘により独自のやり方でお客様を層別化して成功していますが、そのやり方も後追いで分析してみるとこの手法と似ていることが多いのです。多くの企業は創業者の独自の層別化手法とこの手法を比較し、確率が高く継続性があるこのやり方（ポートフォリオマネジメント手法）を採用しているというわけです。

　この手法を保険代理店に適用してみました。

　競合力というのは、お客様が複数の提案を受けた時にどの代理店を選ぶかという基準です。一般的には価格や機能といったことで判断するわけですが、保険の場合は認可商品で

あり販売のやり方も規制を受けていますので、価格や機能面での競合は事実上相当制限されます。では、お客様は何によって保険を選ぶのかといえば、ほとんどの場合代理店に対する信頼度で選んでいます。付き合いや取引関係といったこともありますが、やはり信頼度というのが選択の基準になっているようです（静岡県立大学岩崎教授の 1000 人アンケートの結果とも合致します[1]）。

では信頼度はどうやって測ればいいか。いろいろと試行錯誤して現在採用しているやり方は顧客情報の精度です。人間は信頼できる人には自分に関することを多く伝えたい、という特性を持っています。その特性を反映しています。家族の情報、勤め先の情報、他社の情報といったことは、信頼度の高い人にしか伝えません。2015 年からこの測定方法を採用していますが、この 5 年間の結果は、この測定方法の精度が高いことを実証しています。

魅力度に関しては、多くの代理店は保険料で測っています。現在採用しているのは、保険料のほかに収入の大きさ（生活レベルや業績）、資産（保有資産や企業規模）です。この情報は比較的入手しやすいのですが、まだ多くの代理店では顧客情報として取り扱っていません。生産性 1500 万円モデルではこの尺度を使います（図 2-2）。

＊1　日本代協 2018 年コンベンションの講演より

[図2-2] 層別化パラメーター

・下記の表から顧客のパラメータを数値で記入する

パラメータ		採点	採点の基準
信頼度	加入種目	1	単種目（自・火・傷・新）
		2	損保のみ複数種目（自・火・傷・新）
		3	生保を含む複数種目（生・自・火・傷・新）
	家族構成	1	【個人・自営】家族構成不明【法人】キーマン不明
		2	【個人・自営】家族構成を把握【法人】社長とキーマンを把握
		3	【個人・自営】家族の年齢を把握【法人】社長とキーマンに会っている
	勤め先	1	【個人】勤務先不明【法人・自営】業績不明
		2	【個人】公務員、会社員【法人・自営】業績の善し悪しを教えてもらっている
		3	【個人】勤務先名・役職を把握【法人・自営】決算書を見ることができる
	他社情報	1	自社以外の保険情報はわからない
		2	加入しているかどうかはわかるが、会社名はわからない
		3	加入している保険会社、代理店もわかる
魅力度	保険料	1	小（個人10万円以下、法人30万円以下）
		2	中（個人10万円から50万円、法人30万円から100万円）
		3	大（個人50万円以上、法人00万円以上）
	業績	1	【個人】転職多,勤め先不安定【自営】仕事少ない【法人】赤字,右肩下がり
		2	【個人】普通のサラリーマン【自営】そこそこの業績【法人】そこそこの業績
		3	【個人】安定企業の役職者【自営】安定した仕事【法人】好調な業績
	資産	1	【個人】借家【自営】借家【法人】規模小
		2	【個人】持家【自営】持家【法人】規模中
		3	【個人】資産家【自営】資産有【法人】規模大

　お客様の層別化尺度が決まればお客様の点数付けを行います。その結果信頼度の高い層、低い層、魅力度の高い層、低い層を組み合わせると4つの象限ができます。その象限の特性に合わせて従業員を配分するという考えです。

　この考えを営業、事務、社長の担当と役割に当てはめてみます。

② 営業の担当と役割

（この本では、営業は営業担当者を指し、事務は事務担当者を

指しています）

営業は信頼度が高く魅力度も高い層を担当します（図

[図 2-3] 生産性 1500 万円モデル

層別に従って担当と役割を決める
（実現のための方針）

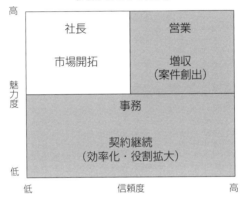

[図 2-4] 営業と事務の役割－生産性 1500 万円モデル－

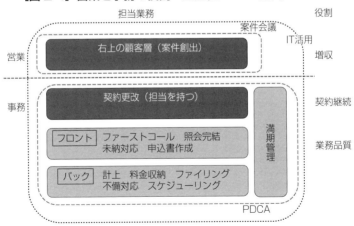

2-3）。層別化を行うと分かりますが、新規案件につながる相談が多いのがこの層です。また、目標にあと少しで達するというときに頼みにするのもこの層です。この層が代理店の増収の柱になっているのです。層別化では右上層（4象限の右上にきている）と呼んでいます。代理店にとっての重要顧客に相当します。この層のお客様件数は、代理店によってばらつきはありますが全体の1割から3割の間です（生産性が高い代理店ほどこの層の割合が大きくなります）。

　営業の役割はこの層との関係維持と増収です（図2-4）。当然のことですが、この層との接触頻度は上げる必要があります。生産性2000万円の、ある代理店は、この層のお客様には毎月接触しています。その結果多くの相談を受け、リピート契約が続いているのです。
　実際にこの層との関係を維持しようと思ったら、現在の担当件数は多すぎて時間が足りなくなります。したがって、営業が担当するのはこの層だけということを原則にします。営業の担当顧客数を絞って、接触頻度を上げることができるようにするのです。

　増収の基本はお客様の保険契約を100％自社契約にすることです。お客様の保険リスクはすべて自社が補償する、それだけの信頼と情報を得ているからです。
　当然のことですが、お客様が安心して保険を任せようと思うには、それなりの保険知識やお客様の情報を持っていなければなりません。営業として保険のプロであることが求め

られるわけです。

　これが営業の担当と役割ですが、このようにするのには訳があります。

　一つ目は、現状の営業の役割が不明確だということです。
　多くの代理店では営業の役割が多岐にわたっています。更改募集全般、事故処理、お客様からの相談、新規市場開拓、保険会社からのキャンペーン対応等々です。どの代理店でどの営業に話を聞いても、自分は忙しい、忙しすぎる上にどんどん仕事が増えているといっています。営業はどちらかというと便利屋的な側面もこなしているもしくは押し付けられている、という状況です。
　営業の本来の役割は何か、という大上段の議論をするつもりはありませんが、営業の役割を特定する時期ではないかと考えています。少なくとも大事なお客様の、大事な相談相手として、お客様の保険リスクを適切に補償する、このことは明確にすべきだという考えです。

　二つ目は、営業を育成することです。
　育成というのは知識と、知識活用を繰り返し行うという訓練を必要とします。この二つを計画的に行わないと我流になります。逆にこの二つを行うと一定レベルまでは高い確率で育成できます。世界中の教育がこの原則に従っています。
　保険代理店においてこれを行っているのは更改募集（更改手続きと呼ぶ方が現実に合っているかもしれませんが）です。

更改募集は一定の商品知識と担当顧客があれば、繰り返し実施できますので育成できます。更改における継続率が9割以上という現状は、少なくとも更改募集に関しては営業の育成ができていることを示しています。

とはいえ、営業の役割は増収にあると考えます。保険における増収とは新規案件の成約です（補償追加を含みます）。

私はこの20年、営業活動の標準化を提言し支援してきました。その経験からいえることは、新規案件が成約しているのは、多くの場合お客様からの相談から話が始まり成約に至るということです。そしてお客様から相談があるかどうかは、ほとんどの場合偶然起きているということです。更改募集を真面目に行っているうちに、お客様からの信頼度が上がり、お客様から相談が来るようになる、というのが増収に関する営業の育成となっているようです。

私が標準営業活動を支援している代理店を対象に、新規契約の成約経緯を調査したことがあります（新規調査。後述5章6参照）。そこで分かったことは、相談からの成約以上に、提案、情報提供や契約確認といったこちらからの働きかけで案件ができ成約したという事例のほうが多かったということです。つまり、お客様からの相談を偶然待っているのではなく、ある基準に応じてお客様に働きかけを行うという訓練を続ければ、新規案件につながるのです。お客様への働きかけによる案件創出を目的とした活動を案件会議と呼びます。6章で説明します。

ということで、生産性1500万円モデルでは、営業の役割を増収と定義し、増収に向けた育成を行うことを提言してい

ます。

3 ▶ 事務の担当と役割

　事務は今までどおりの更改業務全般と、営業と社長が担当するお客様以外のお客様に対する更改募集を担当します。役割が大幅に増えます。生産性 1500 万円モデルのかなめは事務の担当と役割になります。事務がこの担当をこなすようになるためには、大幅な効率化（自動化を含む）を実現させる必要があります。

　事務の役割は、担当しているお客様の更改契約の継続と業務品質向上です。契約継続の役割には増収は含まないものとします。増収活動と契約継続活動とは性格が異なるからです。

　まず、契約継続を事務の役割にする理由から説明します。それは、更改という行動に対し多くのお客様が、募集ではなく手続きだと考えているからです。更改は契約を買うものではなく、契約を続けるものです。そこにはニーズ喚起、ニーズ確認、クロージングといった営業プロセスは求められません。逆に営業プロセスを行うと多くのお客様は引いてしまいます。これが更改というビジネスモデルの最大の特徴です。
　市場の振る舞いが営業活動よりも手続き活動を求めているのであれば、代理店では事務のほうが適しているということです。手続きですから、不備なく継続できれば OK です。

業務品質も事務の役割とします。代理店の経営という観点から見ると、業務品質は代理店全体の責任ということになりますが、実務的には責任者を割り当てたほうがいいのです。そしてその責任者は事務だというのが生産性1500万円モデルです（1500万円モデルではなくてもそのようにしている代理店が多いと思いますが）。事務を責任者にするのは、業務品質の指標が多くの場合事務活動と関係していること、事務の仕事は繰り返し作業が多く品質維持を要求されることが多いということです。

　生産性1500万円モデルでは事務の役割を果たすための手法としてPDCAを回すことを提案します。新たな役割に対応すること、業務品質向上を続けることは組織力強化を必要とします。組織力向上とPDCAを回すことは密接にかかわりがあります。PDCAを回すことで業務品質が上がり組織力を強化することになります。

　事務の担当と役割をここまで引き上げたのは、この10年の事務効率化の大幅な進展からです。次章で詳しく説明しますが、この10年大手損保会社は代理店の業務改善を支援するプログラムを立ち上げ、10年前に比べると代理店の事務作業量を半分以下にするという実績をあげました。すでに、多くの代理店では事務にゆとりができ、役割拡大を行ってきました。生産性1500万円モデルはその延長線上にあります。そうはいっても、担当と役割を文章で明確に定義したのは生産性1500万円モデルが初めてですので、ハードルは低くな

いと思います（事務の担当と役割の詳しい説明は後述（3章、4章）します）。

4 社長の担当と役割

　社長は新規市場の開拓を担当します。層別でいえば左上の層です。魅力度は高くても代理店への信頼度が低い層です。

　多くの創業社長はこの層の取り込みに成功してきました。創業者には初めから信頼してくれるお客様は数少ないのが通常です。見向きもしてくれなかったお客様を粘り強く説得して、自分を信頼してくれるお客様に育てていった、というのが多くの成功している代理店の創業者の共通点です。そのために寝る時間も惜しんで一生懸命顧客を増やしてきた、そういう歴史がどの代理店にもあります。

　このことは代理店業界だけでなくすべての業界に共通していることです。現在でも創業者の多くは自分が会社を育ててきた、顧客の創出が自分の役割だと思っています。そのとおりです。

　企業規模が一定の大きさになり、お客様の数が増え、お客様の維持に経営資源を振り向けなければならなくなると、社長の優先順位づけに矛盾が生じるようになります。
　私が代理店の営業活動支援を始めたころ（2000 年ごろ）お会いした社長の多くは、既存顧客の維持活動よりも新規顧客

の獲得を重視していました。おそらく、既存顧客の維持だけでは自社の将来に不安を持っていたからでしょう。また、企業規模も顧客数の増加を必要とする規模だったのでしょう。しかし、収保が２億、３億になってくると、既存顧客からの収入が代理店の成長に貢献するようになり、既存顧客の維持の優先度が高まります。

　私がお付き合いしている代理店でも、社長が既存顧客の維持を行いながら新規顧客獲得も行い、土日も夜間もなく仕事をしている、そういう事例を数多く見ています。また、既存顧客の維持を優先する営業を低く評価し、優秀な営業に去られている社長も数多く見ています。

　マーケティングセオリーによれば、新規顧客獲得と既存顧客の維持とは戦略が異なります。私の経験でも新規顧客開拓に必要なスキルと、既存顧客からの追加案件創出のスキルは異なります。創業社長には両方の戦略やスキルがありますが、後継者に初めから両方を求めることは極めて成功確率が低いことです。多くの企業の失敗例がこのことを実証しています。

　こういう議論をもとにして、新規市場開拓は社長の役割ということにします。創業社長を継ぐ後継社長もこの役割を担います。日本の代理店の規模は、いましばらくは中小企業規模だと思われます。中小企業においては社長が新規市場開拓を行わないとじり貧になるからです。

　この本では新規市場開拓の手法については言及しません。この分野についての啓蒙書は山ほどありますのでそちらに譲ります。

⑤　更改というビジネスモデルに合わせる

　更改というビジネスモデルは保険代理店にとって非常に有利なビジネスモデルになっています。

　この章の1で紹介した岩崎教授の1000人アンケートによると、お客様は現在加入している代理店から次の更改も加入する傾向が強いということです。これだけでも参入障壁が大きいということが分かります。とはいえ、生保の営業にとっては損保の新規獲得は難易度の高いものではありません。保険ショップで生保契約をした人は、損保の契約も依頼することが多いのです。一時期生保ショップの社長さんたちから、黙っていても損保が増える、と伺ったことがありますが、お客様の心理を考えるとそのとおりだったと思います。しかしながら、問題はそのあとです。生保代理店には事務処理が極めて少ないのですが、損保の更改業務は信じられないほど多いのです。2000年に損保代理店の業務分析を行ったとき、生保も取り扱っている代理店で作業時間を測ったら、同じ保険料に対し損保は生保の10倍の作業量でした。しかも満期日があるので、更改作業に追われることになります。ということで、いったん代理店のお客様になった方は、お客様の心理的にも、代理店の実務的にもほかの代理店に替わることへの抵抗が大きいという参入障壁がある、これが更改ビジネス

モデルの特徴です。

　さらに、お客様は更改時に代理店と面談することを当然のことと思っています。お客様によっては面談を煩わしいと考えることもありますが、そういうお客様も更改を面談で行うという習慣を認めているからそう言っているのです。ということは、代理店が自ら集めた顧客情報をもとにターゲット顧客を見つけることができれば、面談の場は取り立てて苦労することなく設定することができるのです。それが更改ビジネスモデルの２番目の特徴です。

　この特徴からいえることは、新規案件を創出する場は更改面談だということです。マーケティングセオリーと合わせると、層別化でターゲット顧客を特定し、更改面談の場で既契約確認を中心に保険リスクを議論することで案件を創出するのです。この考えを営業プロセスに取り入れたのが案件会議です。

　生産性 1500 万円モデルは、ターゲット顧客対応を営業が受け持ち、営業の面談スキルアップを行う場として案件会議を設定しています。

⑥ 進化した IT を活用する

　以上で生産性 1500 万円モデルの構造を説明しました。生産性 1500 万円モデルは上記の構造を支えている仕組みを進化した IT を活用することで、継続することを提唱しています（後述 7 章参照）。

　IT 活用の分野は組織的活動の標準化とさらなる効率化を目指す自動化です。

　組織的活動の標準化はグループウェアを、自動化は RPA（ロボティック・プロセス・オートメーション）を勧めます。グループウェアはすでに代理店運営の中核システムとして活用している代理店もありますが、全般的にはまだ初期の活用段階化だと考えています。RPA はまさに緒に就いたという感じです。これからも新しい技術（AI など）が出てくると思いますが、この本ではこの二つに焦点を当てて説明していきます。

3章　事務に契約継続を担当させる

営業、事務、社長の担当と役割について説明しました。これからそれぞれの役割について詳しく見ていきます。説明の順序は事務が先で営業がその次になります。まず、その理由からご説明します。

1 成長につながる活動には順番がある

1990年代に発表され一時期世界的にブームになった経営評価手法にバランススコアカード（以下 BSC）があります。BSC は日本でも広まり、多くの企業は現在も BSC にもとづいた経営指標（KPI）を採用して、部門ごとの評価を行っています。

BSC とは、経営指標（売上高や利益、成長率等）につながる企業活動を、「人材と変革の視点」「業務プロセスの視点」「顧客の視点」「財務の視点」と分けて、それぞれの活動の関係を数字（KPI）化し、KPI で事業活動を評価する、というものです。活動の順番は上記に書いた順番となり、下部活動の数字が上がると上部活動の数字も上がり、最終的に業績が上がるという考えです。

BSC を代理店に当てはめてみました（前出図 1-2「代理店成長モデル」）。

27

[図 1-2] 代理店成長モデル（再掲）

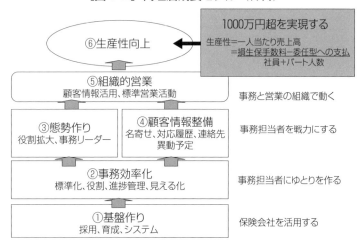

人材と変革の視点とは経営基盤を指しており、代理店の場合は代申保険会社を選択すると多くのことが決まってきます。販売商品、手数料率、経営方針、人材育成、情報源といったことが代申会社に大きく左右されるのです。したがって、この部分は与えられた条件としました。

次が業務プロセスの視点です。ここは代理店の場合、7割以上が更改業務になります。そのほかに、保険料収納、異動、事故といった業務があります。これらの業務の指標が高いと経営数字がよくなる、というBSCの考えは正しいのか、と考えたわけです。実際には代理店の仕事のやり方が生産性という数字に関係しているはずだ、という経験から出た体感があり、なんとかそれを証明したいと思っていた時にBSCにめぐりあったという経緯です。

　次が顧客の視点です。お客様の視点は顧客接点で決まります。なぜなら、お客様が持っている代理店の情報は顧客接点を通してしか入ってこないからです。ということは顧客接点活動を数字で評価するということになります。代理店における顧客接点業務は、更改活動（面談、郵送、電話）、電話照会、異動処理、情報提供（代理店便りや契約状況案内等）、事故処理等です。

　最後に財務の視点です。代理店における財務の視点はそれまでは収保でした（今でもそうですが）。私は収保を KPI にするのはBSCの考えから外れるのではないかと考えました。収保は業務プロセスとは別のところでも大きくすることができるからです。こう考えたのはそのころから代理店の吸収合併が広まっていたからです。1990 年代は米国においても収保が手数料率に影響し、収保を大きくするための代理店の吸収合併が増加していました。その影響が日本でも出始めていたのです。吸収合併は業務プロセスを改善することにはつながりません。BSC の考えとは別ですので収保を取り込むのをやめて生産性（従業員一人当たりの売り上げ）にしたのです。代理店にとって生産性は成長のための投資に関係します、このことも生産性を財務の KPI とした理由です。

　以上のように、BSC を代理店業務に適用し、業務プロセスの視点を更改業務の効率化と事務の役割拡大とし、顧客の視点を営業活動として KPI を定めました。KPI の数値付け

は仕事のやり方レベルです。

　生産性に関係しそうな仕事に点数をつけ、現状を点数で表現できる、生産性を上げたいときは生産性と関係が高い仕事のやり方のレベルを上げればいい、という実践的なモデルを指向しました。

　それが「仕事のやり方で生産性が上がる」[*1] です。

　BSC では下部活動が上部活動に影響する、といっていますので事務活動から説明していきます。

2 ▶ 事務に契約継続を担当させる

　おそらく生産性 1500 万円モデルの提言の中で最もハードルが高いのが、事務の役割に更改募集を組み込むことでしょう。事務を明確に代理店組織の中核にすると宣言することになるからです。代理店が発足してから現在まで、事務は営業の補助であり、表には出てこなかったのです。

　代理店で事務を採用した経緯は、多くの関係者に聞いた話では、保険会社が営業の採用育成を始め、そこで育った営業が事務所を構えるようになり、一人ではこなせないくらいの契約を持つようになって、営業を補助する役割で事務を採用するようになったということです。この話の信憑性がどのくらいあるかはさておき、代理店における事務の成り立ちが営

＊1　拙書『保険代理店の戦略的事務構築論』（2006 年　Inspress@ 績文堂）

業の補助から始まったということには納得感があります。というのは、今でも事務は営業の補助だと考えている代理店社長が圧倒的に多いからです（他の業界でも同じですが）。

　保険会社の、代理店事務の効率化を目的とした施策で、代理店の事務作業は大幅に効率化されました。キャッシュレス、代理店システムでの契約照会、異動処理、ダイレクト計上等で、代理店の事務作業は大きく削減されました。

　2005年ごろだったと思いますが、代理店システムでのダイレクト計上が始まったころ、先進的な考えを持つ代理店社長が言った言葉を今でも覚えています。「ダイレクト計上は保険会社の事務作業軽減を目的にしているものだから、うちではやらない」というものです。なぜ覚えているかというと、事務作業においては、即時処理は何よりも効率化と業務品質向上に貢献するからです。ダイレクト計上は言葉どおり即時処理ですから。保険会社が自社のコスト削減を目的にしたのは当然ですが、その施策の多くは代理店事務作業の効率化にも貢献しているのです。

　当時の代理店は保険会社の効率化施策に対し、当初は抵抗し、保険会社が手数料率に施策実施率を盛り込むとそれに従うということを繰り返していました。渋々ながらも保険会社の施策に従っていると、実際に大きな効率化を実現した、というのが2000年から2010年までに起きた出来事でした。

　2008年に東京海上日動社が抜本改革を実施し、大きな効果をあげました[2]。同社は支社の事務社員の大幅な効率化で

事務社員にゆとりを作り、事務社員が代理店を担当するという役割拡大を行いました。今までの効率化プロジェクトは効率化を達成すれば、コスト削減で要員を減らしていましたが、同社は支社の事務担当社員を代理店支援の役割に変更しました。事務社員の役割拡大に方向を変えたのです。支社で事務を担当していた社員が代理店の事務支援を行うようになり、代理店の業務を理解するようになると代理店の業務改善が大きく進みました。その結果、代理店の事務担当者は大幅に作業が減りゆとりができ、ゆとりができた事務担当者はお客様に近い仕事を行うようになったのです（前出図 1-3）。東京海上日動社の成功は他社にも広がり、この 10 年、大手損保会社は代理店業務支援プログラムを進めてきました。

事務作業が大幅に削減された代理店が行ったことは、事務担当者の人数削減（コスト削減）ではなく、事務担当者の役割拡大でした。このことは特筆に値すると思います。

事務の役割を拡大し、申込書の作成、電話更改の肩代わり、保険料未納者への督促といったことを事務の役割にしました。多くの社長がこのように、事務員の削減ではなく事務の作業を広げた理由は、そうしたほうが経済的にも運営的にも合理的だったからです。事務を減らして、営業に今までどおり申込書類作成や保険料未納者対応をやってもらうよりも、事務に頼んだほうがコストは安いし、品質も維持できる、代

＊2　拙書『東京海上日動の抜本改革』（2013 年　Inspress ＠績文堂）

理店内のコミュニケーションもよくなる、多くの社長はそう思ったのです。

　ゆとりができた（暇になった）事務はこれらを引き受け、その結果事務が行ったほうが、成果が上がりました。例えば、申込書の作成は事務が行ったほうが不備が少なくなり、保険料未納者は事務からの督促を営業からの督促よりもきくようになりました。こういった実績から、社長も事務の役割を少しずつ見直し始めたのです。

　さらに、先進的な考えを持つ社長は、更改案内がお客様に届くころに案内を確認するファーストコールを事務の役割にしました。少しずつですが事務の役割が後方から前方（顧客接点）に移ってきたのです。

　というわけで、事務は戦力だ、と考える社長が増えてきたのは事実です。でも大多数の社長は、それでも事務は営業の補助だ、と考えています。言葉では言わなくても腹の中ではそう思っています。のちほどこのことを表す事実をいくつか紹介します。

　今回提言する「契約継続を事務の担当とする」は、事務は営業の補助だという考えを根底から覆すものです。担当するお客様を層別化に従って営業と事務に分けるということです。事務が担当するお客様に関しては、事務は営業の補助ではありません。

　生産性1500万円モデルの肝はここです。ハードルは高い

と思っています。でもいずれは避けて通れないものです。営業がすべてのお客様の更改まで持っていては、継続的な成長は望めないからです。

③ 事務が更改を持ったほうが合理的だ

　事務が担当顧客を持つ、ということに違和感を持つ方が多いと思います。この考えに共感を覚える社長は圧倒的に少ないと思います。

　ヤマト運輸が宅配という業態に切り替えるときに行った柱の一つに、ドライバーをセールスマンにするということがあります（セールスドライバーと呼びました）。今までは荷物の運送だけを行っていた人たちに、お客様からの相談の窓口にもなってもらったのです。ドライバーは荷物の運送を毎日行っています。その中でお客様にも毎日会っています。そういう活動の中にお客様からの相談を受けるという作業を加えたのです。

　しかし、このことは当初は社内から反対されたそうです。しかし、やってみると思った以上の効果が出たのです*³。

　事務が更改の担当を持つ、ということも似ています。事務の仕事の7割以上は更改の仕事です。繰り返し更改作業を行うことで、商品知識や書類の取り扱い、不備の発生場所等を

---

* 3 『小倉昌男 経営学』（小倉昌男　1999年　日経BP）

知っています。その活動の中に、お客様に対する更改内容の説明を加えるのです。

　お客様の大半は、損保契約の更改は特別なことではなく継続は当たり前のことと考えていますので、新たに物を買うという緊張感なく継続申込書に捺印します。ここがポイントです。お客様は前年同条件で捺印する行為を購買行為とは思っていないのです。続けて当たり前の手続きと認識しているのです。

　というわけですので、大半のお客様にとっては、更改は営業でも事務でも構わなくて、ちゃんと継続できればそれでいい、ということです。事務がやっても、お客様から見れば問題ないのです（実際、今でも事務が電話募集することはお客様にとって異常なことではありません）。

　代理店における募集行為は資格を持っていないとできません。計上作業は募集資格がないとできないようになっていますから、代理店では事務に募集資格を持たせるようにしています。したがって、事務が更改募集を行っても実務的な問題は起きません。

　では、事務は更改を担当することを引き受けるか、です。

　私がこの仕事を始めてから、代理店事務のヒアリングを多くの事務担当者に行ってきました。事務が日常業務に追われていたころ（2000年代）は、ほとんどの事務担当者は更改を持つとは思っていませんでした。とても更改募集を担うだけの時間的余裕がなかったのです。

　代理店の事務作業が大幅に減っていくと状況が変わってき

ました。暇になると意識も変わる、という現象が起きてきたのです。お客様からの照会電話を事務で完結する、保険料未納のお客様には事務から連絡する、申込書類作成を事務が引き受ける、といったことが進んでいきました。そして、事務の意識も、営業の補助だけではなく自分たちも代理店の運営に貢献している、という意識に変わっていきました。

いくつかの代理店で、事務が更改担当の一部を正式に持つ、ということにチャレンジしました。その結果、事務にも更改募集を行える、事務が行ったほうが継続率が上がる、事務が行ったほうが代理店の施策がお客様に伝わる、といった実績が出てきました。

今まで見てきた代理店ではこのような実績となっていますが、いくつか共通の要因があります。

まず、暇になることです。人間は物理的に余裕ができないと心に余裕ができにくいようです。暇になると新たなことを引き受けてもいい、そう思うのです。

次に、継続できればいい、という目標設定にすることです。増収目的はつけないのです。増収目的をつけたとたん、売り込まなければならないという意識が起きます。売り込まなければ、と思うとお客様は身構えます。日常的な話ですむはずが、緊張感を持った話になるというわけです。これでは事務は引き受けません。

次に、これができるとハードルが下がるといっていますが、それはお客様情報の共有です。誰でも見ず知らずの人と話を

始めるのは、何が起きるかわからないという怖さを感じます。ドアノッキングがむつかしいのはそのためです。更改のお客様であれば、何らかの情報が代理店にあります。今まで担当していた営業にその情報がありますので、それを共有できればいいのです。

　1500万円モデルは層別化にもとづいて担当を決めますので、一度は層別化作業を行います。その時の情報を営業と事務で共有する、これができればお客様情報が分かります。この情報があることがお客様に電話を掛けるときの緊張感を大幅に減らせる、というのが代理店事務担当者の話です。

　以上の条件が整えば事務は更改の担当を引き受けることができる、というのが生産性1500万円モデルの仮説です。

④ 事務が担当を持つことのハードル

　いままで事務が更改担当を持つということの条件や合理性について話してきました。でも現実にはハードルが高いと思われます。その理由をこれから述べます。

　最も大きい理由は社長の意識です。相当先進的な社長でも、事務を戦力にするということに抵抗します。事務は営業の補助なのだからパートでいい、パートは頼んだことを着実に行ってくれればいい、戦力にするなんて考えていない、というのが今でも大多数の社長の考えです。この考えは理解できないでもありません。

　創業社長はゼロからスタートし、自らの営業力で代理店を

大きくしてきました。創業社長にとって事務は自分の補助であありそれ以上ではないのです。補助として自分の指示に従ってもらわないと、重要顧客の維持が難しかったり、新規顧客獲得がむつかしくなったりするのです。こうやって代理店経営を成功させてきていますので、事務作業が効率化し、事務にゆとりができたとしても、優先的に自分の仕事を手伝ってもらわないと困ると思っています。事務にゆとりができ、役割が広がったとしても、事務は営業の補助であり、事務が更改募集を行うのは営業が頼んだ時だけだ、そう思っています。

　こういう社長を説得することは不可能です。とはいえ、人間は経済合理性を重視する生き物です。今までのやり方よりも新しいやり方のほうが儲かる、ということが分かると宗旨を変えることができます。宗旨替えをした社長さんを何人も知っていますが、ほとんどすべて事務に担当を持たせたことで儲かった代理店です。

　したがって、こういう社長には説得すよりも、だましだまし行って、このほうが儲かる、ということを事実として分かるようにする、これが最も現実的なやり方だと思われます。

　実際には事務に更改の一部を正式に持ってもらいたいと考えている社長は思ったより多いようです。

　二つ目のハードルは事務の意識です。ベテランの事務担当者は、更改業務に追われた経験があります。そういう時に営業に頼まれて更改募集を手伝い、お客様に冷たくあしらわれた経験を持っています。こういう経験を持っている事務担当者は、私は事務を行うために代理店で働いているのであって、

営業を手伝うためではないという信念を持っていることが多いのです。こういう人がいる代理店では、事務が更改を担当するということに異議を申し立てます。発言権のある人ですので、事務が更改を持つという試みは挫折します。

　こういう人たちも説得は不可能です。こういう人がいたらあきらめざるを得ないのかですが、そういうわけでもなさそうです。

　事務の仕事を分けるのです。新たに営業推進とかフロントとかと呼ぶ部署を作り、更改を担当する事務担当者をその部署に置くのです。役割が明確で、通常の事務作業と矛盾しない役割を付与できれば、事務を二つに分けることができるようです。

　そういうベテラン事務担当者がいない代理店のハードルは低いといえます。

　三番目のハードルは営業です。事務が担当するお客様を持つということに、営業の存在価値を失ったような感じを持つのです。営業は、更改は自分の役割だ、そう思っています。そうはいっても現実は、今でも時間が足りなくなると事務に更改を頼んでいます。そういう状況ですから、実際に事務が一定の更改案件を担当すると正式に決めても、表立ったハードルにはなっていないようです（あくまで今までの経験の範囲内ですが）。

　これが今までの経験の範囲内でいえるハードルです。社長がその気になればハードルはほとんどない、という結論かも

しれません（相当大きなハードルですが）。

5 ▶ 事務はヒマになるか

いままで事務の役割を拡大して事務が一定の更改を担当するということを述べてきましたが、その前提は事務がヒマになることです。この前提は正しいかということを説明します。

結論からいえば、事務はヒマになります。いままで多くの代理店の業務改善を行い、それまで行っていた事務作業を軽減してきました。私の経験の範囲内ですが、効率化に失敗したことはありません。そのことを述べます。

まずいえることは、保険会社や社会の変化で事務作業が減っているということです。

20年前、生保ではキャッシュレスが進んでいましたが、損保は集金が主流でした。最初に今の仕事を始めた時、損保代理店はどうして集金を行っているのだろうかと思いました。料金収納業務に割いている時間は全体の20％に達していたにもかかわらず、キャッシュレスに抵抗する代理店が大半だったのです。できない理由は数えきれないほどありましたが、要するに現状を変えることが怖かったと、後付けですがそういうことになります。というのは、キャッシュレスになって、代理店が言っていた心配事など何も起きなかったのです。

同じことがペーパレスでも起きました。紙ファイルからシ

ステムファイルに移行して、代理店が心配していた情報喪失が起きたことはありません（私の経験範囲内ですが）。

　上記の事例は、一般社会ではすでに普通になっていることに代理店が乗り遅れていた事例です。当然のことですが、保険会社はすでに証明されていることを、代理店を含む事務一般に適用します。その流れで代理店も遅ればせながらキャッシュレス、ペーパレスを実現し、このことだけで大幅な事務作業を減らしました。

　即時処理もこの範疇になります。保険会社が進めたダイレクト計上やシステム化範囲の広がりもこの範疇です。前に述べましたがダイレクト計上に抵抗した代理店がありましたが、事務の基本として即時処理の効果を理解していれば、保険会社の施策の有効性は分かります。

　スケジューリングもこの範疇です。ネットの普及で自分のスケジュールやチームのスケジュールをネットで共有することができるようになりました。この仕事を始めたころはスケジュールの共有が効率化につながるとは考えていませんでしたが、スケジュールを共有することで無駄な作業が減るのです。事務は社長や営業の補助として仕事をしていますので、社長や営業の判断を仰がないと仕事が進まないことがあるのですが、そういう時、社長や営業を探すという作業が思っている以上に負担になっているのです。スケジュールを共有することでこの負担がなくなります。

　次にいえることは、お客様はルールに従うということです。一般社会は法や規則にのっとって成り立っています。普通の

人はルールに従うものなのです。

　今でもそうですが、代理店はお客様の意向を大切にし、お客様が嫌だと言ったら無理強いしようとしません。しかし、お客様は嫌だと言っているわけではなく、ルールがあることを知らないだけなのです。弊社は就業時間は午後6時までですから、6時以降の電話は留守電もしくは保険会社につながります、と言えばお客様はそれに従います。申込書の書き方、保険料の納め方のような繰り返し行うことは、代理店でルールを決めお客様にルールがあることを理解してもらえば、大半のお客様はそれに従って振る舞ってくれます。

　このほかにも商品やシステムの知識不足、不備対応といった効率化を妨げている要因があります。この10年の代理店の業務改善経験で、数多くの事例に対応してきました。その経験でいえば、改善できない業務はないと断言できます。

　ひとつ重要な条件があります。それは改善すると決めたら改善するまでやり抜くということです。これは精神論ではなく方法論です。やり抜く方法とはPDCAを回すことです。PDCAの回し方については後述しますが（4章3）、効率化の目標を決めてPDCAを回すことができれば、効率化は必ず実現する、これが今までの経験から得られた法則です。

　以上、この章で述べたことをまとめると、事務は層別化された特定層の更改を引き受けることができる、それだけの時間的余裕と特定層の更改を引き受ける能力を持っている、と

いうことです。ハードルは高いのですが、1500万円モデルで事務の担当と役割をここに持ってきた理由は以上のとおりです。

6 事例紹介

　千葉県成田市にあるソフィアブレイン社は、2002年の時点で生産性900万円という当時としては生産性の高い代理店でした。事務の標準化や契約の満期日合わせなど、代理店内の時間の無駄を減らす工夫をして生産性を高めていました。2009年に千葉市の代理店と合併し、代申保険会社や事務習慣の違いなどにより大きな混乱を経験し生産性が下がりました（図3-1）。

　同社の小坂社長（当時常務）は代申会社である東京海上日

[図3-1] 社員1人当たりの生産性（パーヘッド）の推移

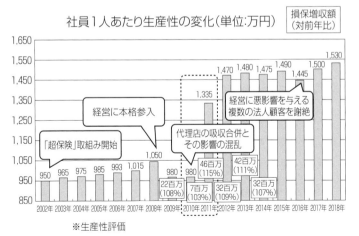

社員1人あたり生産性の変化（単位:万円）　損保増収額（対前年比）

※生産性評価

動社の代理店業務改善プログラム（オフィス業務支援）を適用し、業務の効率化及び標準化を実現しました。ファイリング、電話対応、内務事務会議等の代理店成長モデルで提唱している施策が寄与したということです。電話対応ではいち早くCTI（後出7章4）を導入し、お客様から電話がかかってくると瞬時にお客様情報が画面に出るようにしています。このプログラムで事務作業時間が30%減少し、減少した時間を事務の役割拡大に充てました。

　また、同時期に、合併した代理店のカリスマ社長が退任し、更改落ちが多数発生したため、毎月保険料が減っていく状況になりました。この時、時間ができた事務をメンバーとする層別化プロジェクトを起こし、右上層に対する契約確認活動を始めたのです。この活動で営業経験のない事務担当者でも、契約内容を丁寧に説明することで右上層は既契約を改めて見直し、高い確率で補償追加や契約追加が発生したのです（図

[図 3-2] 捻出した時間での取組

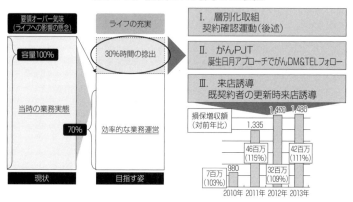

3-2）。この経験から同社は事務の戦力化の中に、事務が更改の一部を担当することを取り込んだのです。

　事務担当者の更改担当は前述の層別化を始めた 2011 年から始まり、現在更改の 7 割を担当しています。つまり、同社において事務は戦力というより代理店の中核になっているのです。そのことを裏付ける数字として、2019 年度は同社の増収の半分を事務担当者が担っているということです。

　同社の 2019 年時点における生産性は従業員数 12.5 名、手数料収入 1 億 9100 万円（損保 1 億 5300 万円、生保 3800 万円）で生産性は 1530 万円となっています。生産性が高い要因はお客様単価の高さで、生保併売率 60％という数字がそれを物語っています。

　同社を訪問すると事務所の雰囲気の明るさに驚かされます。事務所内は整理整頓が行き届き、ゆったりしたスペースが確保され、一人 2 画面の装備で、極めて効率よく作業をこなしています。気軽な会話もあり、4 章のコラムで述べる心理的安全性が確保されていることが分かります。会議においても担当者は物おじせず、自分が経験していることにもとづいて意見を言っています。担当者が現場の改善に積極的に取り組んでいる文化を作り上げていると思われます。

　同社は生産性 1500 万円を達成していますが、同社にはまだ改善できることがあり、小坂社長はまだまだ生産性は大きくなると言っています。

4章　組織力向上を事務が担当する

生産性 1500 万円モデルは事務の担当と役割を大きくしています。大きくなった担当と役割をこなすために必要なことが組織力を高めることです。この章では組織力を高める考え方と方法を述べます。

1　組織力を数値で表す

代理店の事務作業は多くのプロセスから成り立っています。効率化を阻害する原因も既存のプロセスに含まれています。したがって、効率化してゆとりを作るためには何らかの形でプロセスを改善していく必要があります。

プロセスの改善は多くの場合複数の担当者が絡みます。複数の人を対象にしたプロセス改善というのは、通常、ルールを決める、ルールを守る、結果を見てルールを修正する、修正されたルールを守る、ということを繰り返します。日本の製造業は戦後の「安かろう、悪かろう」から、徹底した改善活動を行って、世界で最も品質が高い国といわれるレベルに達しています。「カイゼン」という言葉は今や世界の言葉になっているのです。

カイゼンを引っ張っているのは製造現場です。現場の繰り

返し作業の中に不具合があり、不具合をデータで見つけ、地道に改善するということを日本の製造業は行ってきました。そのやり方を代理店の事務作業にも適用できないかと考えました。改善活動で事務作業が効率化できれば事務にゆとりができ、事務の役割をお客様に近い仕事に持っていける、そう考えたのです。

さらに考えたのは、そうやって改善された現場の事務作業のレベルを数値で表すことができないかということです。数値で作業レベルを表すことができれば、全員が同じ認識を持つことができます。問題点の発見を行いやすくなり、改善に向かって同じ方向に進むことができます。また、数値化することにより統計手法を使うことができるようになります。統計手法を使うことで、生産性との関係や、作業間の関係などを分析でき、焦点を当てるべき作業を特定できるというわけです。これがこれからお話しする出発点でした。

組織の成熟度を数値で表すやり方に CMMI（Capability Maturity Model Integration）というやり方があります。CMMIはIT業界において世界中で採用されているやり方で、システム開発プロジェクトを成功裡に行える組織の成熟度を測定するやり方です。

組織の成熟度は５段階で評価されます。
レベル１はプロセスが統制されておらず個人の能力任せの状態

　レベル 2 は管理された状態

　レベル 3 は標準化された状態

　レベル 4 は定量的に管理された状態

　レベル 5 は最適化された状態

となっています。

　私は CMMI のレベルを代理店に適用するにあたり、次のように言葉を変えて使っています。この方が代理店の人にわかりやすく、実務に使えるからです。

　レベル 1：ルールがない

　レベル 2：ルールはあるが守られていない

　レベル 3：ルールを守っている

　レベル 4：ルールを守り、状況に応じて対応できる

　レベル 5：環境が変わってもレベル 4 を維持できる

　この測定数値は保険会社や代理店に理解しやすく、また現場感覚と合っているため現在も使っています。

　余談ですが、CMMI は米国の軍組織がシステム開発プロジェクトでの失敗が多く、その原因を早期に発見できる方法をカーネギーメロン大学に依頼したことでできた数値だといわれています。CMMI の点数が 3 点以上であれば、プロジェクトの失敗が大幅に減るということで、世界中のシステム開発プロジェクトでの開発業者の入札基準として使われています。

　今までの説明で気づかれたと思いますが、このレベル付け

はPDCAと似ています。

PDCAのPはPlanで、どういう風にしたいかというルールを作ることです。DはDoで、ルールどおりに行うことです。CはCheckでルールどおりに行えたか、行えたとしたら期待どおりの成果は出たか、です。AはActionで、チェックを反映してルールを修正するというものです。

PDCAを上記のレベル付けと照らし合わせると、レベル1はPができてない、レベル2はDができてない、レベル3はDができている、レベル4はCAができたということになります。レベル5はどんな変化が起きてもPDCAを回し続けることができる、ということです。

組織力向上とはCMMIのレベルを3以上にすること、PDCAでいえばPDCAを回せることになります。組織力があるとはレベル3以上で、目標を立てると達成に向けて組織的活動ができ、目標を達成することができる、ということになります。

② 事務が組織力向上を担う

では、組織力向上を事務に担わせるとはどういうことなのかを説明します。

前章でご説明したとおり、成長につながる活動には順番があります。効率化して事務にゆとりを作る、事務の役割を広げる、顧客接点活動を改善するという順番です。

　最初に行うことは効率化です。効率化を実現し維持するためには組織力が必要になります。組織力がないと、効率化ができたように見えて、時間がたつと元に戻ってしまいます。こういう話を山ほど聞いています。

　「標準化はムナシイ」ということです。やりっぱなし、元の木阿弥も似たような言葉で、これらもよく聞く言葉です。つまり、組織力としてはレベル2以下です。レベル3以上にしないと効率化の維持はできないのです。

　組織力強化は事務の役割と言いましたが、逆にいえば保険代理店においては組織力強化は事務が最も適しているということです。定型的な仕事をプロセスとして繰り返し行っているのは、代理店では事務だけだからです。

　営業も更改を繰り返し行っています。現在の更改活動は手続き化していると申し上げましたが、営業に期待されている役割は増収（新規案件創出）です。新規案件ができると営業はそちらを優先します。社長も営業が新規案件を優先することを認めます。つまり、繰り返し行う手続き的な更改作業はあるタイミングで優先順位を下げられることがあるということです。この時求められるのは営業力であって組織力ではないのです。

　社長には代理店を経営するという役割があります。代理店を経営するためには組織力が必要になってきます。当たり前のことを言っているように思われるかもしれませんが、現時

点でもこのことは当たり前には行われていません。いまでも多くの代理店は組織力ではなく社長の個人力で経営されています。それが現在の代理店の課題です。ここではこれ以上この議論をしませんが、社長に求められるのは、組織力を高めるための社長の役割を理解することです。社長は組織力を高めることを自分の役割だと認識し、組織力を弱めることには加担してはいけないのです。かなり難しいことですが、事務が組織力を高める活動を行っているときはそのことを理解し、全面的にバックアップするのです。間違っても自分から組織力を弱める行動をとってはいけません（本章6参照）。

　ということで、組織力を高める役割は業務改善を担う事務なのです。

3 組織力を高める PDCA の回し方

　では、事務はどうやって組織力を高めるかです。

　それは効率化をプロジェクト化し、プロジェクト運営にPDCAを取り込むことです。ポイントはPDCAの回し方です。
　すでに多くの代理店ではPDCAを取り組んだ活動を行っています。しかし、それでも標準化はムナシイ、やりっぱなしになっているという言葉が根強く残っています。そういう風になるのはPDCAの回し方に原因があります。これは非常に重要なことなので詳しく説明します。

　現在多くの代理店で行われている PDCA は教科書的すぎるというのが私の見解です。特に P、プラン作りにエネルギーをかけすぎています。日本の社会一般にいえることですが、失敗してはいけないという思いが強いのです。金融業界でよくいわれることですが、1回失敗するとリカバリーがむつかしいのです（出世街道から外れてしまうのです）。したがって、失敗しないような計画づくりが重要になります。すでに気が付いておられると思いますが、やったことがないことを失敗しないように計画を作るというのは矛盾しています。やったことがないというのはやり方が分からないというのと同義語なのです。しかし、社会が安定してくると失敗するということに大きなリスクを置くようになるらしく、官公庁だけでなく企業も失敗のない計画づくりにエネルギーをかけるようになっています。でも、中小企業（まだ小規模のほうが多い）である代理店はこのやり方は合いません。

　P はいい加減でいい、というのが私の持論です。理由は上記で述べたように、やってもいないのに完璧なプランなんかできるはずがない、いいプランは何回か失敗して初めてできるものだからです。こういう風にしたいという気持ちがあっても、どうやればいいかは誰にもわかりません。こうすればいいんじゃないかと始めても失敗することが多い、でもここからが本番です。失敗したことをよく考える。プランが悪かったのか、実施する（Do）ことにハードルがあったのか、こういうことを考えてプランを作り直し、再実施する。

　この繰り返しを3回ほど行うとプランの精度が大幅に上がります（図 4-1）。

[図4-1] PDCA の回しかた

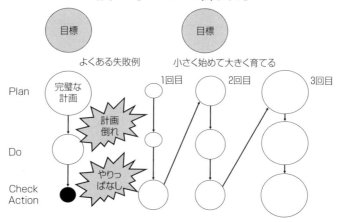

いい加減なプラン作りで始めることで、エネルギーを実施に持っていくことができます。実施も完璧を目指すのではなく、とにかくやってみよう、というくらいでいいのです。ポイントはその次です。やってみてどうだったかを振り返るのです。ここが生命線です。

人間は振り返りが嫌いな生き物です。どういう構造になっているか分かりませんが、振り返りはエネルギーを必要とします。誰でもやりっぱなしのほうが楽です。したがって放っておくとやりっぱなしになります。それが普通です。しかし、組織力を高めるためには振り返りが必須になります。また、強い組織は振り返りを習慣にしています。

振り返りにはコツがあります。そのコツをきちんと使わな

いとせっかく振り返りを行っても、やっぱりダメだったかということになります。振り返りを行ったら次に生かさなければ組織力は高くなりません。

　振り返りのコツとは、
　・ルールどおりにできたか、できなかったとしたら何がいけなかったのか
　・ルールどおりに行って期待どおりの成果は出たか、出なかったとしたらルールが悪かったのかそれともほかに原因はあるか
　この二つをきちんと行うことです。ごちゃまぜはいけません。ごちゃまぜにすると正しいアクションが生まれないからです。

　ごちゃまぜにするとは、ルールどおりに実施できなかったということと成果が出なかったということを一緒にすることです。この二つは全く異なっています。

　ルールどおりにできなかったというのは Do ができなかったということです。組織力はレベル２です。成果が出なかったということは Do はできたということです。組織力はレベル３です。レベル２の目標は Do ができるようにすることです。レベル３の目標は成果を出すことです。

　PDCA を回して最初に行うことは PD をきちんと回すこと、組織力をレベル３にすることです。

4 DCA を回す （図 4-1）

　まず Do をきちんと回すことを述べます。

　プロジェクト進捗会議の議論は大まかに Do ができていないことと、成果が出ていないことに分けられます。

　Do ができていないことには次に進めませんのでまずこの議論から紹介します。

　組織力の弱い（レベル1もしくは2の）組織は、Do ができているかどうかをつかむ議論ができていません。

　ルールを作っている方は当然ルールが実行されていると思っています。したがって、PDCA の議論は、ルールどおりできているはずだから成果が出ているかどうかを議論しよう、という場だと思うのです。しかし、議論の途中から、どうもルールどおりには事が運んでいないことに気づき、どうしてルールどおりにやらないのだ、実施者の怠慢だ、ということで議論が終わってしまうことが多々あります。

　逆にルールを実施するほうは、ルールの説明が通り一遍で、ルールどおり行わなければならないとは思っていなかったということが多々あります。やらなければならないのなら、きちんと説明してくれないと分からない、こういう言い分になるわけです。

　PDCA を回す人は、組織力1，2の組織ではこういう議論になるのが当たり前だと思ったほうがいいのです。ここで躓くのが組織力1，2の組織なのです。そして、組織力1，2の

組織を組織力3に引き上げるためには、この段階でしっかり
と議論することが必要です。

　まず、ルールを作った側は実施者にどうやって伝えたかを
確認します。管理者会議で伝えたとか、現場に足を運び伝え
たとか何らかの形で伝えたことを確認します。実施する側は
そのことを知っていたのか、知っていた場合はどうしたのか
を確認します。面白い議論ではありませんが、非常に重要な
議論ですので、しっかりと事実関係をあぶりだすのです。ルー
ルどおりに実施することのハードルはまだあります。現場が
認識しても実施できないという場合です。ルールが現実的で
ないということです。操作がむつかしい、分かりにくい、面
倒、時間がないといろいろな理由がありますが、新しいこと
はできるだけやりたくないという理由以外に、物理的にむつ
かしいということがよくあります。この場合もルールを修正
する必要があります。

　この議論をしっかり行うと、現場に伝わらなかった原因、
伝わっていたとして現場が実施しなかったもしくはできな
かった原因が、ルールを作る側と実施する側とで共通認識で
できます。そして、ルールを伝えるやり方を決め（これがア
クションになります）、ルールが実施しやすいようにルールに
修正を加えます（これもアクションになります）。そしてもう
一度Doを行うのです。私の経験では、ここまで議論をする
と2回目のDoは高い確率で実施されます。

　お分かりだと思いますが、ルールを決めて現場に伝えるこ
と、現場がルールを認識すること、実施しやすいルールにす
ること、これらは結構大きなエネルギーを必要とします。組

織力のレベル2と3の間にはかなり高いハードルがあることが分かります。

　余談ですが、新しいことをやりたくないということも大きな要因になるかと思っていましたが、今までの経験では上記の対応をしていけば大きなハードルにはなっていません。自分が属す組織にとってメリットがあると分かれば現場の人は協力するのだと思われます。

　Do ができていないことへの対応は上記のとおりですが、Do ができていないことを認識するにはデータで見える化するほうがいいと思います。このことは後述します（本章5）。

　Do ができるようになるとそこで終わってしまうことがよくあります。組織力1，2の組織によくある現象です。Do がきちんとできるようにするために大きなエネルギーを使いますので、そこで疲れてしまうのかもしれませんが、Do ができてもまだ半分です。何のためにやっているのかを確認する必要があります。成果が出ているかどうかです。

　ここでも面白いことがよく起きています。何をもってうまくいったか、ということを事前に決めていなかったということが多いのです。PDCA を回すということは何らかの改善を期待しているので、どういう成果を期待したのかを議論するのです。そうするともともと期待していたことを思い出しながら、成果が出たかどうかを確認するという議論を行います。

　こういうこともよくあることです。大きな組織で PDCA

を回してきた人にとってみると、レベルの低いように見えますが、組織力よりも個人の力で成長してきた代理店にとってはこのほうが普通なのかもしれません。

　成果が出ているかどうかをチェックすると、多くの場合、期待した成果が出ていないことが分かります。そうするとなぜ成果が出ないのか、ルールの実施の仕方に問題があるのか、ルールそのものに問題があるのかを議論し、ルールの修正を行います（アクション）。そして3回目のPDCAに入ります。

　私の経験ではこのようにして3回回すと一定の成果が出てきます。難易度の高い目標を持っている場合は、目標をレベル付けして、難度の低い目標から3回ずつPDCAを回し、数回のサイクルで難易度の高い目標に達するということを行います。

　通常は3回回せば一定の成果が出ますので、やさしいものから順番に行い、半年くらいすると効率化や役割拡大が実現する、こういう経験をしています。こういう経験をした組織は確かに強いのです。

　今まで述べたことは私の経験から出てきたものですが、（株）武蔵野の小山社長が書かれている『儲ける社長のPDCAのまわし方』[*1]にも同様のことが書かれており、中小企業におけるPDCAの回し方はこのようにしたほうがうま

＊1　小山昇『儲ける社長のPDCAのまわし方』（2015年　KADOKAWA）

くいくのかなと思っています。

　お分かりかと思いますが、振り返り（CA）は時間を取りますし、そこで使う手法は通常行っている作業とは異なっていますので、慣れるまでは一定の訓練を必要とするかもしれません。ここがPDCAの肝になるところです。

5　データに語らせる

　PDCAの肝はC（チェック）です。チェックではDoの結果をデータで分析するようにします。そのほうが共通認識ができてPDCAが機能するようになるのです。

　これも製造業のカイゼンで使っているやり方です。現場の状況をデータでとらえるというやり方です。カイゼンの説明書ではよく「なぜを5回繰り返す」と書いています。5回、なぜを繰り返すと原因が分かるという意味です。私の経験からもなぜを5回繰り返すとほとんどの原因が明らかになります。不備削減を例にとって説明します。

　なぜ不備が多いのか。新種に多いということが分かったとします。
　なぜ新種に不備が多いのか。それはAさんに偏っているとします。
　なぜAさんに偏っているのか。Aさんの経験が浅いということが分かります。

　なぜ経験が浅いと不備が多いのか。商品知識が不足しているからだ、ということになります。

　ここまで来ると、不備削減を行うには、Ａさんに対する商品取り扱いの教育を行うという対策が出てきます。

　このケースは実際にあった事例です。Ａさん（実際には数名）に対し、代理店として公式に商品教育を行うことにしました。その結果Ａさんの不備が大きく減ったということです。

　上記の例でデータは何を語ったのかです。

　まず、不備が新種に多いということがデータで分かりました。次に新種の不備の担当者別の件数からＡさんに偏っていることが分かりました。そしてＡさんとほかの人を比べると入社後の期間が短いことが分かりました。新種は商品内容が複雑なので、経験の長さが申込書の精度に影響を与えると仮説を立てたのです。その仮説が正しいかどうかを、商品教育を行うということで実践し、結果的に仮説が正しかったことが分かりました。実際には仮説が正しくなかったということもありますので、その場合は新たな仮説を立てて検証していきます。

　５回のなぜ、はどの業界にも当てはまります。１回や２回のなぜでは原因までたどりつかないことが多いのですが、3,4回なぜを繰り返すとほとんどの不具合は原因がはっきりとします。

先ほどの事例で、新種に不備が多い原因を新種はむつかしいからということでなぜをやめてしまうと、原因がうやむやになってしまい、いつまでたっても不備が減らないということになります。実際にはなぜを1，2回でやめて、不具合が一向に減らないということのほうが圧倒的に多いのです。しかし、5回のなぜを身につけると、解決できない不具合はない、ということになります。

　もう少し「データに語らせる」を続けます。
　原因と結果がデータで見えるようになり対策を立てると、次にやることは時系列でデータを集めることです。時系列で集めるとは、対策実施後1か月、2か月と不具合の状況をデータで表すことです。時系列にデータを取ることで対策が正しかったかどうかを判断できます。目途としては、3か月たっても不具合のデータが変わらない場合は対策が間違っている（仮説が正しくない）ということになります。その場合は対策を変えて実施します。
　私の経験では5回のなぜを行って、原因を特定して対策を立てた場合はほとんどうまくいっています。

　データはエクセルで表すことができますので、エクセルの初心者でもデータをグラフ化することができます。人間は数字の羅列よりもグラフのほうがはるかに理解しやすいので、できればグラフ化することをお勧めします。

((コラム))…目標が未達でも PDCA が回れば良しとする

　　上場企業では経営目標が未達になると、株価が下がった
り経営責任を問われたりと大きな影響が発生します。その
ために、無理な数字づくりをやって、より深い穴に落ち込
むということがメディアで報じられています。このため、
目標が未達になると、すべての状況が悪い方向に行ってい
ると過剰な心配をする傾向が、日常的にあります。しかし、
目標未達というのはそんなに悪い状況なのでしょうか。

　　私は自分の経験から、人間の成長は目標に向かって何ら
かの行動を起こすことで始まっていくと考えています。そ
して、何回か同じようなことを繰り返し行っていると、あ
る時突然、今までできなかったことができるようになる、
ということを何度も経験しています。これは、私だけの経
験ではなく、多くの人が同じような経験をしたことを書い
ていますし、最近の脳科学でも、脳神経の回路のつながりが、
同じ経験を繰り返すことで強まっていくということを報告
しています。

　　同じことは組織についてもいえると考えています。組織
においても、成長は目標に向かって活動を起こすことから
始まり、何度も繰り返すことで、できなかったことができ
るようになっていく、というものです。これも、日本の製
造業に多くの事例がありますし、製造業以外にもヤマト運
輸やセブンイレブンなどにも成功事例があります。
　　PDCA は上記のことを一つの言葉にしたものです。P が

目標を作ることで、Dが始めることです。そして、やってみた結果を評価し（C）、少しずつ改善していく（A）のです。PDCAはこのようにして、目標に向かって繰り返し活動を続けていきます。その結果、ある時大きなジャンプをして目標を達成するということになります。

　大事なのはこの後です。PDCAを繰り返して目標を達成できた組織は、そのあとも同じようにして目標を達成することができるからです。それがトヨタであり、セブンであり、ヤマトなのです。

　ということは、目標未達ということは大したことではないのです。大切なことは、目標が未達でもPDCAを回し続けることなのです。PDCAをまわし続けることが目標達成につながるということです。逆に言えば、目標達成よりも目標に向かってPDCAを回し続けることの方が、組織を強くするうえでは大切なのです。

　そのことを別の言い回しで言っているのが「失敗を恐れることはない」「失敗しなければ成長しない」という言葉です。私は、人生において致命的な失敗などない、と考えています。失敗することよりも、失敗を恐れて何もしないことの方が致命的だと思います。何もしないことは、何も産まないのです。

　私の勝手な意見ですが、米国流の短期評価手法は欠陥があると思います。現在は短期評価手法が主流で、株価はこの手法にもとづいて動いているように見えます。この評価

方法は投資家が現在主として使っている手法であり、必ずしも企業の現実を反映しているものではない、というのが素人の私が感じているところです。おそらく偏見だと思いますが、でも、私の体験や、多くの長期成長会社の事例を見ると、短期評価よりも PDCA を回し続ける力を持っている企業の方が、いい経営をしているように思えます。

　保険代理店は中小企業で、投資家から短期評価される対象ではないと勝手に思っています。そうであればなおさら、目標未達でも PDCA が回れば良しとする、という評価でいいのではないかと思うのです。そして、PDCA を回し続けることが、組織力を強くする鉄則であることをお忘れなく。

⑥ 社長をルール破壊者にしない

　ルールを守ることができる代理店は組織力がある、と述べてきましたが、実際には組織力がない（3点に届かない）代理店のほうが圧倒的に多い、ということは肌感覚で分かっていただけると思います。その原因は何かというと社長にあると思っています（統計的なデータはありませんが、事務リーダーからの話をまとめるとこうなります）。

　社長は組織力が重要だと言っていますが、多くの場合組織力が向上することを最も嫌っているのが社長です。社長は本音では、ルールを守りたくないのです。
　社長には代理店を維持するという責務があります。そのた

めに日夜働いています。新しい案件を求めたり、新しい人脈を開拓したり、新しい営業手法を開拓したり、代理店を成長させるため惜しみなく働いています。そういう社長は、何物にも縛られたくないのです。自分の思うようにやりたい、特に日常のルールには縛られたくないのです。ルールを守ることよりも代理店の成長のほうが優先度が高いのです。

こういう社長ですから、ルールを真っ先に破ります。社長が破ったら営業も守らなくなります。そうして、せっかく守られてきたルールが守られなくなっていきます。これが多くの代理店で起きている実態です（中小企業の多くもそうだと言われています）。

解決策はあるのかですが、社長が変わる以外に解決策はありません。社長が変わるとは次の二つのどちらかです。

一つは社長がルールを守るようにするです。これは意識を変えたらできそうですが、結構むつかしい。なぜなら、社長が屋台骨になって稼いでいる限り、ルールどおりにいかないことが出てきます。その都度、今回はルールを守らないよ、と言っておられればいいのですが、言っておれないことが出てきて、なあなあの関係でお茶を濁します。これが続くとルールは守られなくなっていきます。

もう一つは、社長からルールを守らなくてはならない日常業務を外すのです。つまり、更改案件を持たなくすることです。ルールを守らなくてはならない仕事の大半は更改業務で

す。社長が更改案件を持つと、アポ取り、申込書作成、面談等の作業が発生し、その中にルールを決めているものがあります。こういう業務を持っている限り、社長のルール破りはなくなりません。社長が更改案件を社員に渡していけば、社長が守らなければならないルールが減っていき、社長が守らなければならないルールが限定されるようになれば、このケースだけは例外だと全員が理解できるようになります。最終的には社長は案件を持たないようにすべきですが、社長の案件数を減らすことでも一定の効果は期待できます。

　どうやって案件を減らすかですが、いくつか聞いている成功事例に共通していることは、最重要のお客様から順番に社員に渡すことです。最重要のお客様は代理店の状況を理解しており、社長からの依頼であれば、依頼を引き受けたいという気持ちを持っています。担当が変わっても、社長は常にそのお客様のことを重要視しているということが分かれば、お客様は社長の依頼を引き受け、担当替えを了解する、このようなパターンになるということです。

　というわけで、生産性 1500 万円モデルでは、社長の役割を、更改を持たずに新規市場開拓を行う、としています。新規市場開拓はルール化してできるものではありませんから。

⑦ PDCA 回しを定着させる

　PDCA を回すことを定着させる必要があります。そのためには組織的に行う活動にすることと、定着しやすい工夫を

することがポイントになります。

　組織的に運営することですが、今まで多くの代理店で成功しているのが内務事務会議です。内務事務会議とは事務担当者が集まって、情報共有する会議です。ここでは内務会議と呼んでおきます。

　もともとの発端は、業務改善を行おうとすると事務担当者どうしの情報共有が必須になりますが、事務だけで集まる会議がなかったことから内務会議ができてきたと聞いています。それまではペア制などで、営業との間での情報共有は行われていましたが、内務の役割がペアを組んでいる営業の営業支援であれば特に内務どうしで情報共有する必要がないことから、内務会議は行われていなかったのです。

　内務会議が行われるようになると、効率化だけでなく、ちょっとした困りごとなども会話による情報共有で解決できるようになり、次第に内務会議が定着するようになったと多くの代理店が言っています。この会議を代理店として認知し、組織活動としてほしいのです。認知されることでその会議の議事録も残せますし、議論の結果を代理店内に知らせることもできます。

　営業会議と同じくらいの重さで内務会議を認知する、これがPDCA定着の一番目です。

　二つ目がPDCA進捗を見える化することです。ここではその一つの例として進捗表の作成を提示します。サンプルを

［図 4-2］ 代理店でできる PDCA 進捗管理表

対象業務	計画	1回目	2回目	3回目
テーマ	あるべき姿 現状把握 課題洗い出し 優先順位付け ルール策定 実施計画 （以上P） 完璧を求めない	実施した（D） ルールどおり実施 できなかった（C） 原因模索（C） ルールを修正して 再実施（A） Dの実施状況確認 必ずAで終わる	実施した（D） ルールどおり実施でき た（C） 期待した成果が出な かった（C） 原因模索（C） ルールを修正して再実 施（A） 成果の確認 必ずAで終わる	実施した（D） 期待した成果が 得られた（C） 継続する（A） 進捗会議を修了 （A） 出口を決める

議事録をもとに進捗が分かるように記録する
PDCAが分かるように目印をつける
何の議論をしているか意識するようにする

表示していますが（図 4-2）、PDCA 案件ができたらこの表を作り、現在何をやっているのかを明確にします。何をやっているのかとは P なのか、D なのか、C なのか、A なのかということです。多くのプロジェクト進捗会議に参加して感じることは、現在の議論がどこの議論なのか分からず議論していることが多いことです。議論がどこで収束するのか見えなくなる原因の多くはここにあります。どこを議論しているかが分かると議論の結論が見えてきます。

　特に多いのが C（チェック）です。チェックで行うことは Do ができたかどうか、Do ができたとしたら成果は出ているかどうかです。

　多くの議論がこの二つをごちゃまぜにしていますので、結論が出ないのです。

　Do（実施）できたかどうかの議論だと分かれば、実施の足かせになっていることを見つけ、足かせを外す議論にすれば

よく、成果が出ないのであればルール自体の正当性を議論すればいいのです。まずは Do ができるようにしなければ進みませんので、優先順位ははっきりしており議論は収束しやすくなります。

　Ｃ（チェック）と同じくらい重要なことが Ａ（アクション）です。Ａ の議論をしていることが分かれば、Ａ で議論する内容は次の三つに絞られます。
　・やめる
　・修正して続ける
　・このまま続ける
　このことを明確にすることで、次に何をやるべきかはっきりします。また、こういう風に明記することで PDCA が回っているかどうか、何回回ったかが分かります。

　PDCA の終わりはありませんが、ほかの案件がどんどん出てきますから、いつまでも回し続けるわけにもいきません。

　PDCA 収束としては次のようにしています。
　ルールが固まり定着してきたら、このままルールを定着させると書いて出口宣言をするのです。出口宣言をしたルールはそのまま続け、状況が変わってきたら改めて PDCA を行うと決めておけば問題なく続けることができます。

　事務が PDCA の回し方に習熟すれば代理店内の、より大きな問題も解決できるようになります。

　以上で、これからの代理店成長のかなめになる組織力強化を、事務が担当することを説明してきました。PDCA を回す力をつけること、これが王道です。

⑧ 成長モデルレベル調査

　2020 年から 2021 年にかけて成長モデルレベル調査（以下レベル調査）を行いました。この調査は、2005 年に実施した事務格付け調査と類似したもので、代理店の生産性と、仕事のやり方 20 項目のレベルを調査するものです。20 項目の内訳は、効率化が 7 項目、役割拡大が 6 項目、営業活動が 7 項目です。レベルのつけ方は 2006 年の事務格付け調査と同じく組織力のレベルで行っています。組織力のレベル付けは CMMI で行いました（本章 1 参照）。

　調査に答えてくれた代理店は 99 代理店で、有効回答数は 97 件でした。

　代理店のプロフィールは次のとおりです（図 4-3、4-4）。

　代理店の規模は平均 12.6 名です。2006 年の調査では従業員数の平均は 4.9 名でしたので、倍以上になっていることが分かります。2006 年調査では従業員数が 3 名から 5 名の代理店が最も多くなっていますが、2021 年のレベル調査では 9 名から 11 名の代理店数が最多になっています。これは、後継者のいない代理店の吸収や、保険会社からの働きかけによる合併等が原因だと考えられますが、規模の拡大は代理店運

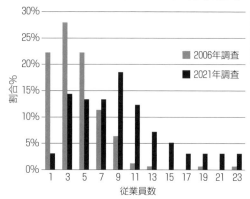

[図 4-3] 従業員数分布

	平均値 （人）	中央値 （人）
2006年	4.9	4
2021年	12.6	10

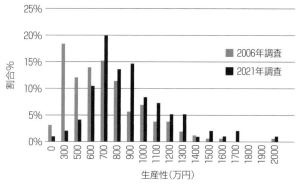

[図 4-4] 生産性分布

	平均値 （万円）	中央値 （万円）	1000万円 以上%
2006年	740	710	20%
2021年	930	860	34%

営にも大きな影響を及ぼします。組織力の強化が必要になっているということです。

　生産性は平均930万円です。2006年調査は平均740万円ですから一人当たりの売り上げが190万円ほど上がったことが分かります。2006年調査では生産性300万円から500万円の代理店が最も多く、2021年調査では700万円から800万円の代理店が最多になっています。相当の生産性向上です。

　仕事のやり方20項目の平均は2.7です。この数字はルールを作っているがルールどおりにできていない段階とルールどおりできている段階の中間だということを表しています。2005年の平均は1.4ですから、ルールを作っていない代理店が多かったことを示しています。組織力の観点からもこの15年で、大きな進展をしていることが分かります。また、効率化に関しては3点以上ですので、効率化はルールを作り、ルールどおりに行っている段階まで来ています。相当な組織力向上です。

　図4-5では仕事のやり方と生産性との推移を見ています。2006年と2021年を比較すると、仕事のやり方のレベルが上がり生産性も上がっています。両年の調査から仕事のやり方と生産性には相関があることが分かっていますから、この15年で仕事のやり方のレベルが上がり、その結果生産性が上がったといえますが、同時に規模も拡大していることが分かります。代理店は今や一人親方から脱皮して組織運営の時代に入っているのです。

　このプロフィールから生産性1000万円以上の代理店が全

[図 4-5] 生産性、仕事のやり方レベル 2006 年と 2021 年の
比較

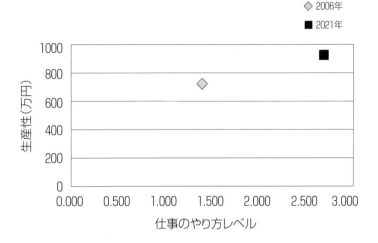

体の 34％あることが分かります。3 分の 1 ほどの代理店はす
でに生産性 1000 万円を達成しているのです。代理店成長モ
デルの目標はこの 15 年で相当達成できているといえます。
より高い生産性を目標にする必要性があるということです。

　この調査から分かることの一つは生産性との相関が高い項
目です。

　代理店の組織力を評価するためには従業員数が一定以上必
要との認識で、従業員数 5 人以上の代理店における生産性と
関係の高い項目を見つけました。

　トップの二つがファーストコールと事務による更改です。
5 人以上の代理店数は 79 代理店で調査代理店の 81％を占め
ます。その中でファーストコールのルールを作りルールどお

りに行っている（3点以上）代理店は2割ほどです。同じように事務が担当分けルールに従って更改を担当している代理店は3割ほどです。そして、ファーストコールを行っていたり、更改募集を正式にやっていたりする代理店の生産性が高いことを統計分析はいっているのです。

　ちなみに、ファーストコールも更改募集もルールを決めてルールどおりやっている代理店の生産性の平均は1200万円弱で、片方だけを行っている代理店の生産性の平均は1000万円から1100万円のあいだです。

　この二つのほかに、生産性と相関のある項目は、スケジュール共有、担当分け、情報共有、照会の事務完結といった項目

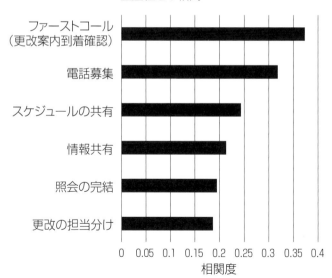

[図 4-6] 生産性と相関の高い項目

生産性との相関

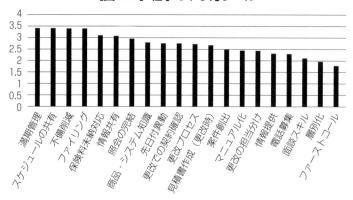

[図4-7] 仕事のやり方レベル

（縦軸: 0, 0.5, 1, 1.5, 2, 2.5, 3, 3.5, 4）

満期管理／スケジュールの共有／不備削減／ファイリング／保険料未納対応／情報共有／商品・システム知識／照会の完結／先日付異動／更改での契約確認／更改プロセス（更改時）／見積書作成／案件創出／マニュアル化／更改の担当分け／情報提供／電話募集／面談スキル／層別化／ファーストコール

です（図4-6）。

　調査から分かる二つ目は、仕事のやり方が成熟している業務と未成熟な業務です（図4-7）。組織力で3点（ルールを作りルールどおりできている）以上を成熟しているとし、2点未満（ルールがない）を未成熟とします。

　3点以上の成熟業務は、満期管理、スケジュール共有、不備削減、ファイリング、保険料未納対応となっています。この10年、保険会社の代理店業務支援で力を入れた業務が多く、一定の成果が出たということができます。効率化に関する業務が多く、代理店としても効率化を優先して改善してきたと推定されます。

　2点未満の未成熟業務は層別化とファーストコールです。この業務は保険会社の業務改善支援には含まれてないことが多いのでその影響もあると思います。また、代理店においても効率化の次は事務の役割拡大を優先していますので、

ファーストコールや層別化までは進んでいないと考えられます。

　この調査の結果は、代理店成長モデルの成果はかなり実現できていて、効率化全般と役割拡大の一部が実現していて生産性向上に寄与していることを示しています。また、役割拡大と営業活動標準化はまだ向上の余地があることも示しています。生産性1500万円モデルに事務の役割向上と、営業活動の組織的標準化を組み入れる契機となりました。

❾ 事例紹介

　千葉の代理店ほけんプラザエイプス社は2018年から業務改善プロジェクトを始めました。同社は規模の拡大を目指し成長してきました。そこで課題になったのが、営業の担当顧客が多くなり、営業活動に向ける時間が不足してきたということです。社長の田切さんから同年1月に相談を受け、2月から業務改善プロジェクトをスタートしました。最終的な目標は事務が一定の更改募集を担当するというものでしたが、そのためには効率化、標準化、役割拡大という順番で進めていったほうがいいと判断して、プロジェクトのファシリテーション（議事進行）を引き受けました。

　1年目の2018年に効率化を進めました。この章で説明したPDCAのやり方どおりにPDCAを回しながらプロジェクトを進めて、効率化の課題を1年で解決しました。この時最優先で取り組んだのがPDCAを回すことです。効率化の目

標達成よりも PDCA が回っているかどうかを常に優先させました。その結果一つ一つのテーマは 3 回回せば目標に達したのです。プリンターへの動線変更、ファイリングのシステム化、社長のスケジュール共有と、一つ一つは難易度が低いテーマですが、着実に解決できてくると担当者にプロジェクトを進める自信がついてきました。

2018 年の後半からは事務の戦力化に着手しました。見積書作成、申込書作成はすでに行っていましたが、それに加えファーストコールにチャレンジしたのです。ファーストコールのルールを作り、できたかできなかったかの PDCA を数回回し、ファーストコールを実施できる状況になったとき、事務担当者たちは自ら保険会社のコールセンターを見学して電話対応のやり方を学んだのです。そして独自のトークスクリプトを作り、グループで練習し実施にもっていきました。実施後も PDCA を回し、電話のつながり方、お客様の反応をデータで記録してファーストコールの効果を確認していきました。ファーストコールの成果が期待以上で、そのことを代理店全員で共有できたことで次のステップに入りました。次は事務が更改の一部を担当することです。

担当基準をルール化し、満期リストの案件を、営業と一緒に層別化を行って左下層を担当することにしました。左下層は案件の 25％ ほどでした。実施記録のとり方を決め更改募集を開始しました。もちろんトークスクリプトを作っています。ルールでは 3 回コールしても電話が通じない案件は営業に戻すとしています。営業戻しを除いた件数が実際の更改件数になります。トークスクリプトにもとづいて行う更改は、

担当者の不安を減らしたようです。また、更改をするグループは席を近くしていますので、電話の会話をグループで共有できます。そこで成功した場合はすぐに全員で議論し、スクリプトを改善するということを行っています。この更改の中に代理店の施策であるドライブレコーダーの提案も入れています。ドライブレコーダーを受け入れた件数が、営業が実施している件数割合よりも高いと分かったとき、エイプス社における事務の戦力化が代理店内で認められました（図4-8）。

この事例で分かることは、PDCAを回すことで組織力が強くなり、高いハードルも乗り越えることができるということです。

同時に、事務が更改担当を持つことの現実性も確認できました。生産性1500万円モデルをあと押しする事例だと考えています。

[図4-8] 業務改善プロジェクト

営推における更改業務の最適化

継続結果

満期月	総件数	担当件数	担当割合	営業戻し	実担当件数	継続件数	継続率	ドラレコ付帯	ドラレコ付帯率
6月	225	45	20%	8	37	32	86%	2	5%
7月	218	57	26%	14	43	41	95%	6	14%
8月	193	49	25%	15	34	33	97%	8	24%
9月	210	46	22%	12	34	29	85%	5	15%

電話がつながらない場合は曜日、時間を変えて3回コール
3回コールしてもつながらない場合は「営業戻し」

((コラム))…心理的安全性

　代理店の業務分析をやっているうちに気が付いたのは、事務担当者がひまで無駄話をしている代理店は生産性が高く、逆に仕事に追われている代理店は生産性が低いということでした。数多くの代理店を訪問して、若干の例外はありましたが、明らかにひまな方が生産性は高いのです。

　どうしてそうなのかを論理的に説明しているものはないか、ということでずいぶん探しました。ようやく見つけたのが「ゆとりの法則」(トム・デマルコ　日経BP社)です。詳細は省きますが、代理店の事務のように一人で仕事をするのではなく、情報を投げ合って仕事をする場合は、情報を引き受けるためのゆとりが必要だというものです。全くそのとおりだと思いましたが、どうもそれだけではなさそうだとずっと思っていました。

　日経の2019年7月1日7面オピニオン面の「核心 「心の資本」を増強せよ」を読んでいるうちに、体に震えが走るような感覚を味わいました。これが私が求めていたものです。(URLは下記)
https://www.nikkei.com/article/DGXMZO46719530Y9A620C1TCR000/

「心理的安全性」、これが、ひまで無駄話をしている方が生産性が高い理由です。

　これは、グーグル社が大掛かりな調査を経てたどりついたキーワードです。「この職場なら何を言っても安全」という感覚を全員が共有しているチームは、そうでないチームに比べると高い成果を上げ続けることが判明したのです。

　ひまで無駄話をしていてもとがめられない職場では、だれもが好き勝手なことを言うと同時に、ほかの人が好き勝手を言ってもとがめません。無駄話とはいっても、職場の会話ですからおおむね仕事と関係ある話が多くなります。そこで情報の共有が起きるし、思わぬアイデアが出てくることもあります。情報の共有は一体感を生むことが確認されています。

　会議において社長や上司の顔色を窺って会話をしても、真の情報共有は生まれませんし、そこで決まったことにもやらされ感を感じてしまいます。でも、言いたいことが言える環境であれば、疑問に思っていることや異なる考えを述べて、一人一人が納得できます。そのようになると高い成果があがり生産性が高くなっている、というのがグーグルの調査結果であり、同社の驚異的な成長を支えているものだ、と記事はいっています。

　こういう職場を作るためのキーワードが「ひま」もしくは「ゆとり」です。この二つの言葉はニュアンスがだいぶ違いますが、内容は一緒です。

　事務の効率化は「ひま」を作るためのものです。では「ひ

ま」になったら何をするか。それは職場で楽しく無駄話を
するのです。事務担当者が職場で楽しく無駄話をしている
と、営業も加わってきます。そして、相談があったり、手伝っ
てほしいがあったりして仕事の共有が始まるのです。事務
担当者は「ひま」ですから、相談に乗ってあげることもで
きるし、手伝ってあげることもできます。そうすると営業
の活性化が起き、成績が上がるというわけです。

　いままで、自分の体験をもとに信念をもって「ゆとり（＝
ひま）」が重要だと言い続けてきましたが、これからは大手
を振って「心理的安全」になるためには「ひま」が必須です、
と言うことができます。

　サービス業というのは、生産性を上げるためには「ひま」
と「むだばなし」が必須なのです。製造業とは大きく異な
るのです。

5章　営業の役割を絞る

　事務の役割について話してきましたが、お分かりのとおり生産性 1500 万円モデルで提唱している事務の役割は、代理店成長モデルで経験したことを引き継いでいます。業務効率化でゆとりを作り、ゆとりができたので役割を拡大し、事務が戦力になることを確認したうえで、さらに事務の役割を広げるという段階を経ています。

　ここからは生産性 1500 万円モデルにおける営業の役割をお話ししますが、同じように代理店成長モデルで確認できたことを引き継いでいますので、最初に代理店成長モデルにおける営業活動を簡単にご紹介します。詳細は拙書『代理店成長モデル』をご覧ください。

1 標準営業活動概略

　代理店成長モデルで提唱した営業活動は標準営業活動です。標準営業活動は勘と経験にもとづく営業のやり方に、マーケティングセオリーを組み入れたものです。マーケティングセオリーとは、市場におけるお客様や製品の動きに潜む法則のことです。世界中の学者が調査分析して、これが市場の法則だ、と提唱しているものですが、長年の実績を経て汎用性のあるものや、ある環境で適用できるものなど多くのセオリーが存在しています。

標準営業活動で採用したセオリーを簡単に紹介します。

　一つ目は層別化（ポートフォリオマネジメント、2章1参照）です。このセオリーは経営資源の投入を市場の振る舞いに合わせるというもので、市場は層別化でき、どの層にいるかでお客様の振る舞いに法則があるというものです。層別化のやり方は、競合の強さと市場の魅力という二つの軸でお客様や製品に点数をつけ、点数によって位置づけを決めるというものです（前出図 2-1）。このやり方は 1970 年代にボストンコンサルティンググループやマッキンゼーが発表し、多くの企業が取り入れ大成功を収めました。今でも世界中の多くの企業が戦略立案時の経営資源の配分にこの考えを取り入れています。

　二つ目が商品ライフサイクルです（図 5-1）。すべての商品には導入期、成長期、成熟期、衰退期というライフサイクル

[図 5-1] 商品ライフサイクル

・営業のやり方は市場の状況によって変わる
- 成長期か成熟期か
  ・成長期
    - 市場の拡大を優先する
    - 大きな成長を目指す
  ・成熟期
    - **新規開拓よりもリピートを優先する**
    - 継続的成長を目指す
  ・代理店市場は成熟期
    - ほとんどの家庭に保険が普及している
    - 既契約の見直しを希望している
    - 新規開拓よりも既契約者からのリピート（多種目化）を
      優先したほうが経営資源を有効に使える

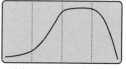

市場のライフサイクル

があり、どの時期にいるかで市場の動きが異なるという考え
です。市場の動きに合わせて戦略を変えることで経営資源の
無駄遣いを防ぐものです。成長期には市場は製品を求め、成
熟期にはすでに購入している製品の価値最大化を求めるとい
う法則です。企業が失敗するパターンを見ると、成長期の戦
略を成熟期でも踏襲していることによるものが多いというこ
とが分かります。保険も同様で、成熟期に入って長い時間が
たっているにもかかわらず、成長期の戦略をとっている代理
店が多いのです。

　三つめが営業プロセスです（図5-2）。お客様の購買行動に
は、注意する、関心を持つ、欲しいと思う、購買するという
プロセスがあります。そうであればそのプロセスに沿った営
業プロセスを考えようというものです。一般の企業はこの考

[図 5-2] 営業プロセス

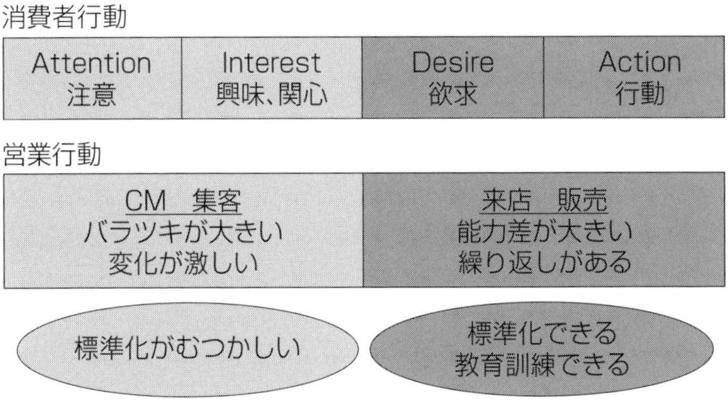

消費者行動

Attention 注意	Interest 興味、関心	Desire 欲求	Action 行動

営業行動

CM　集客 バラツキが大きい 変化が激しい	来店　販売 能力差が大きい 繰り返しがある
標準化がむつかしい	標準化できる 教育訓練できる

営業は漠然と行うよりも、一定の手順を意識して行うほうがスキル
習得が速くなる。

えに沿って広告宣伝を行い、お客様が製品を目にするように
します。これが集客です。お客様が製品を直接見る場面では、
営業パーソンがお客様のニーズを確かめ製品を説明しクロージングするというプロセスになります。これが接客です。一般に集客は企業が行い、接客は個々の営業が行います。接客の技術は標準化でき、訓練することでスキルを上げることができます。これに成功しているのが保険ショップで、接客による成約率は6割だといわれています。損保代理店にもこの考えを適用したのが標準営業活動です。

以上3つのセオリーを採用しています。

② 標準営業活動のプロセス

標準営業活動のプロセスは次の5つから成り立ちます。

まず、満期一覧をもとにお客様の層別化を行います。層別化のやり方は標準営業活動でパラメーター（前出図2-2）を用意していますので、パラメーターに従って点数付けを行います。満期案件の中で信頼度が高く（8点以上）魅力度の高い（6点以上）お客様（右上の層）をターゲットにします。経験値では、満期案件の1割から3割ほどが右上の層にあたります。

次にターゲット案件について契約一覧を作成します。契約一覧とはお客様が加入している契約を一目で分かるようにしたものです。ポイントはお客様に説明したい項目を見えるよ

うにすることです。例えば、満期日が異なる契約に加入していれば満期日が分かるようにする。車両保険の必要性を説明したい場合には車両保険に入っていないことが分かるようにするなどです。

　契約一覧の作成には時間がかかります。時間をかけることで営業担当者がお客様の契約の理解を深めることになります。

　3番目に、お客様の状況から「何かある」を考えます。家族情報や業績情報からお客様の保険リスクを推測し、保険リスクが適切にカバーされているかを考えるのです。「何かある」を考えるのは難易度が高いので標準営業活動では「何かあるリスト」を用意しています。

　4番目が面談です。面談ではまず既契約の説明を行い、お客様が考えている補償内容と一致しているかを確認します。非常に重要な作業です。多くのお客様は自分の契約内容について正確な理解をしていません。自動車保険に入っているのに車両保険には入っていなかったというのはよくあるケースです。同じように火災保険に入っているのに家財には入っていないということもよくあります。こういうことをお客様が理解していればいいのですが、事故が起きて初めて気が付くのでは手遅れになります。したがって面談ではそのことをしっかりと確認するのです。

　面談ではさらに、お客様の保険リスクに対して適切にカバーされているかを確認します。このことに躊躇を感じる営業担当者が多いのです。そこまで突っ込んではお客様に嫌な

顔をされるのではないかと思うからです。売り込んでいると思われるからです。売り込みと思われるとお客様との会話に緊張感が生まれ不自然になるのです。私の経験の範囲ですが、右上の層はこのように突っ込んだ質問を受けても嫌な顔をしません。そういう層なのです。ということで、標準営業活動ではここまで突っ込んで質問することを勧めています。

　最後が振り返りです。1番目から4番目までは営業の個人活動ですが振り返りはチームで行います。ファシリテーターがいて、選定した案件に対しどういう活動をとったのか確認していきます。確認する内容は準備と面談です。特に面談時のお客様の反応を詳しく聞きます。その理由は、お客様の反応を代理店のノウハウとして共有するためです。

　以上の5ステップが標準営業活動のプロセスです。

③　標準営業活動の実績

　標準営業活動を以上のプロセスで始めたのは2015年5月からです。始めると同時にこの活動が適切な活動なのかを確かめるためのデータを取り始めました。最初の分析を2015年12月に行い拙書『代理店成長モデル』に記載しています。これから述べる実績は2017年8月に行ったものです[1]。

　11代理店49名の営業員、1143件の案件について分析して

＊1　2018年の日本代協コンベンションで発表しています。

います。統計的には一定の信頼度を得るための件数を満たしています。

◆高い成約率

　実際の営業活動が標準営業活動に定めている活動に沿っているかどうかを点数付けしています。本人がつけた点数を振り返り時にファシリテーターが確認して点数を確定します。これを活動レベル（図5-3）と呼んでいます。活動レベルが高ければ成約率が高くなるはず、というのが標準営業活動の仮説です。実際の結果（図5-4、5-5）を見ると、活動レベル

［図5-3］活動レベル

案件ごとに下記の記録を取る（活動状況表）

活動レベル（各項目の該当をチェックし合計を取る）
きっかけ　1：更改だから 　　　　　　2：案件だから 　　　　　　3：何かある 　　　　　　4：相談があった
アポ　　　1：アポを取らなかった 　　　　　　2：アポのみ、時間の確保なし 　　　　　　3：30分以上の時間を確保
準備　　　1：契約一覧作成なし 　　　　　　2：契約一覧作成、パンフレット準備 　　　　　　3：契約一覧の確認項目を書き出した 　　　　　　4：顧客の現状から見積書を作成した
面談　　　1：顧客の都合で会えなかった 　　　　　　2：多忙で契約一覧の説明ができなかった 　　　　　　3：取り扱い種目の説明し情報収集を行った 　　　　　　4：契約一覧もしくはおすすめ商品の見積もりを説明 　　　　　　　した（30分以上） 　　　　　　5：同上（1時間以上）

[図 5-4] 案件の分布

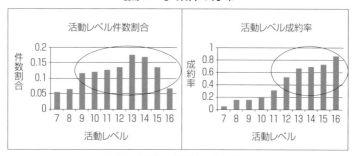

大半の活動は活動レベル9以上
活動レベルが12以上になると成約率が大きく上がる

[図 5-5] 活動レベルは成約率に大きな影響を与える

担当者別　成約率と活動レベル

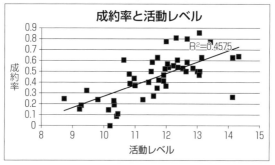

活動レベル＝標準営業活動の基本動作習得度
基本動作の習得度が上がると成約率が上がっていく

が一定の数字を超えると成約率が6割を超えることが分かります。標準営業活動の4つのプロセス（層別化、契約一覧作成、何かある、面談）をルールに沿ったやり方で行えば案件ができ成約する確率が高い、ということが実証できました。

[図5-6] 続けることで学習効果が出る

はじめの半年と直近の半年では明らかに違いがある
続けることで活動レベルが上がり成約率も上がる

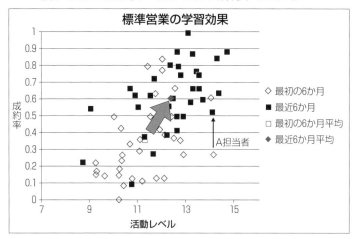

◆**訓練は有効**（図5-6）

　標準営業活動を行った期間と活動レベル及び成約率との関係を見たものが図です。最初の6か月よりも直近の6か月の方が活動レベル、成約率ともに高いことが分かります。このことは、繰り返すことによってスキルレベルが上がることを示しており、訓練によりスキルアップを図ることができる、つまり育成可能だということを表しています。

4　準備の威力

　ある担当者（図5-6のA担当者）の話です。

　Aさんは標準営業活動を始めて半年ほどは一生懸命やっ

ているけど成果があがりませんでした。でも半年を過ぎるころから成果があがり始め、顔つきも自信があふれるようになり、代理店内の他の人たちからの信頼度も上がっているように見えました。何が起きたのかを尋ねました。

「準備をきちんとするようになって、お客様に話すことが事前に整理でき、言葉に詰まったりすることがなくなりました。それまでは自信のないことを言うとどもったりしていたのがなくなりました。お客様の反応も変わりました。きちんと聞いてくれるようになったのです。」というのが彼の返事です。

準備をするとはどういうことか。彼はこう言っています。

「一番時間をかけることは現在の契約内容を確認することです。補償内容レベルでじっくりと見ていると、お客様に不要な補償の大きさや、逆に不足する補償の大きさを感じます。また、必要と思われる補償がついていなかったりすることも感じます。それらの感じがお客様の認識と同じかどうかを面談で確認しようと考えますが、そうすると話すべき内容が自然に固まります。右上のお客様ですから、家族状況や勤め先や他社情報もある程度把握していますので、現在の契約内容が今の状況にあっているかどうかも判断しやすいのです。

話しの内容がすっきりするとお客様との会話で迷うことが少なくなりますし、お客様もきちんと答えてくれます。そうすると私の言っていることに納得していただけることが多いのです。もちろん、補償の追加が必要な場合は、お客様はいくらの追加で補償を追加できるかと聞いてきますので、見積書は必ず用意します。見積書を見せるとお客様は安心します

し、そこまで用意したことに感謝されます。」

　彼の話をまとめると以上のようなことになります。お客様に対し、おどおどしたり、唐突感を与えたりすることがなくなるということも理解できます。

　このように面談前の準備が重要なこと、面談前の準備はお客様の既契約とお客様の現在の保険リスクがあっているかどうかを確認すること、そのためには顧客情報をしっかり把握しておく必要があることが彼の話から分かります。

　彼の話しの後半で出てきた顧客情報について、標準営業活動を分析したのが図5-7です。顧客情報の中で、家族情報、

[図5-7] お客様情報の量が活動レベルに影響する

担当者別にみるとお客様情報の量が活動レベルと関係が高い

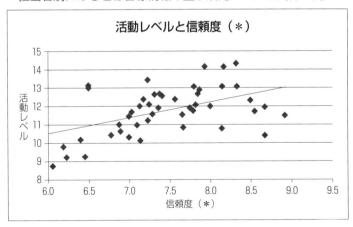

信頼度（＊）：家族・勤務先・他社情報の合計
お客様情報で重要なものは上記の情報

勤務先情報、他社情報が活動レベルと相関があることが分かります。このことはこの後の新規調査でさらに分かってきました。

5 お客様は自分の契約内容を知らない

もう20年以上前になりますが、そのころ保険ビジネスにとって顧客情報とは何か、というテーマを追いかけていました。広島のボアーズ社が顧客情報システムを自社で開発しているという話を聞き、同社を訪問しました。そのとき、佐喜本さんが社長をされていたと思いますが、上位の顧客層に対して行っている活動を教えてもらいました。

当時同社では、独自のシステムを開発し、お客様ごとに名寄せされた契約情報を一覧の形で印刷することができていました。上位層のお客様には、年に1回契約一覧をもって訪問し、契約内容を説明するというのが上位層に対する活動でした。

契約一覧で契約内容を説明すると、ほとんどのお客様から「こんな契約だということを知らなかった」という反応があり、次から次に質問が出てきて多くのお客様から追加の契約が出る。その結果同社の生産性は1500万円になっている、という話です。また、お客様は毎年同じような説明を聞いているのに、翌年も「こんな契約だということを知らなかった」という反応を繰り返すそうです。そして、説明してくれた募集人に対する態度が、営業から先生に変わる、ということもお聞きしました。

　この時、保険ビジネスにおける最大の顧客情報は名寄せされた既契約だと感じました。同時に、保険の契約内容は素人のお客様が簡単に理解できるほどやさしくなく、プロの保険募集人が丁寧に説明してあげないと分からないくらい複雑なものだということも分かりました。

　同様の経験をこの20年間、生産性の高い他の代理店でも何度か聞きました。いずれも、既存のお客様に契約内容をきちんと説明するだけで、追加契約が出てきて、生産性を上げているという事例です。

　このことが標準営業活動を開発するきっかけになりました。そして、この活動をデータとして蓄積し、このプロセスの効果を実証することができました。

　代理店成長塾を2018年に開講し、その中で標準営業活動のプロセスを実際にやってもらっています。そして、やってみた結果をアンケートで集めていますが、半数以上の参加者が回答しているのが、「お客様は自分の契約内容を分かっていないことが分かった」「お客様からいろいろと質問が出ることが分かった」です（図5-8）。

　回答者数が36名とまだ数は多くないので、この結果の信頼性は統計的には高いとはいえませんが、回答者の中には事務担当者もいますので、営業スキルに関係なく、お客様は自分の契約に関心があり、契約内容については正確には理解できていない、ということが示されています。

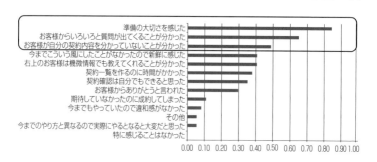

［図 5-8］標準営業活動アンケート（2018 年代理店成長塾）

準備の大切さを認識した方が8割以上です
お客様が自分の契約を知らないという気づきも5割以上です
右上の方に保険の大切さを認識していただくことが、この活動のカギです

私が集めた事例においても、成長塾で行っている実習であっても、標準営業活動の対象は代理店にとって重要な顧客層です。この層は、保険料が大きくかつ増額しており、代理店に対する信頼度が高いお客様層です。つまり、保険ニーズが大きなお客様だといえます。そういうお客様でも、自分の契約について正確には理解できていないということなのです。

このようなことから、私は、代理店の重要な仕事は、お客様に現在の契約内容をきちんと説明し、お客様が正確に理解できるようにすることだと考えています。当たり前のことだと思われますが、現実には意外とやられていないようです。

6 新規調査

2019 年から 20 年にかけて新規調査を行いました。

この調査は、代理店の営業担当者を対象に直近 10 件の新

[図 5-9] 新規案件調査概要

- 2019年7月〜2020年2月
- 6社23名299件（個人191件、法人108件）
- ヒアリング内容
  - 新規のタイプ（新規顧客、種目追加等）
  - 新規の経緯（紹介、提案等）

規案件の、成約経緯をヒアリングしたものです。ヒアリング
した営業担当者は23名で新規案件数は299件です。ヒアリ
ングした内容は新規のタイプ（新規顧客、既契約者からの追加、
新規の種目）、新規経緯（紹介、提案、相談等）です。

　ヒアリングした代理店は私が標準営業活動のファシリテー
ションを行っていた代理店で、ヒアリングした担当者は標準
営業活動のやり方を体験しています。

　ヒアリングの概要（図5-9）は、個人が191件、法人108
件です。
　新規契約が新規顧客からか既契約者からかは、新規顧客か
らは個人が57件（30%）法人が14件（13%）です。法人の
新規顧客獲得は難度が高いということを想定させます。

　既契約者からの追加（補償追加を含む）が全体の7割、法
人は8割強ですので、新規案件は既契約者からの追加契約が
主となっています。

　分析を進めていくと興味ある事実が分かってきました。

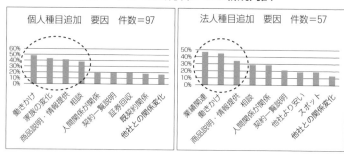

[図5-10] 既契約者からの新規内訳

それは、既契約者からの新規案件経緯の中で、契約確認や、商品説明や提案といった働きかけが、お客様からの相談よりも多かったことです。個人法人ともに働きかけによる新規契約が、相談による新規契約より15％ほど多いという調査結果になっています（図5-10）。

今から10年ほど前に似たような調査を行い、8代理店で30名ほどの営業担当者にヒアリングを行いましたが、その時はお客様からの相談がほとんどで、働きかけによるものは微々たるものでした。代理店の営業担当者の提案力が少ないことを感じたことを覚えています。それが今回の調査では相談よりも高い確率で、働きかけによる新規成約ができていることは驚きでもありました。両調査は質問項目が異なっていて単純比較できるわけではありませんが、標準営業活動を通して働きかけで案件が創出できることを体験した人たちは、積極的な働きかけができ、その結果成約に至ることが多い、ということはいえるかと思います。

　もう一つ分析で分かったことは、新規成約につながった顧客情報は、個人が家族情報で法人が業績情報だということです（図 5-10、個人種目追加で 2 番目、法人種目追加で 1 番目の要因）。このことは個人の保険リスクが家族の変化に関係することが多く、法人の場合は業績の変化に関係することが多いということを示しています。

　家族や業績の情報はお客様にとっては機微情報に近い情報ですので、信頼度の高い人にしか伝えません。このことは新規案件を働きかけるお客様は代理店に対して信頼度の高いお客様で、保険リスクの大きな右上層だということがいえます。

　この新規調査は生産性 1500 万円モデルに対し、働きかけを行う環境を設定できれば、安定した増収が望めることを示唆しています。その場合の顧客情報は家族と業績に関する情報で、面談時にこの情報を必ず確認することで、案件発生の確率が上がることも示唆しています。

⑦　標準営業活動の課題

　これまで述べてきたことから、標準営業活動を身につけることで生産性が上がることが推測できますが、大きな課題が見つかったのです。

　それはこの活動が期待したほど継続していないということです。

　この活動は私が振り返りのファシリテーター（議事進行役）として、代理店の営業の人たちと月 1 回振り返りを行うとい

う形で行っています。振り返りの方法は案件ごとに層別レベルで右上の層だということを確認し、契約確認、案件創出のレベルを確認するという形で進めていきます。そして、お客様の反応を詳細に聞いて、準備したことがどのくらいお客様に当てはまったかを確認します。この振り返りを通して徐々に契約確認や案件創出のスキルを上げていくという形です。

　大体1年間ほど行い、活動レベルが一定以上（12点以上）を3か月続けると終了とします。3か月続くということは定着したことを意味していると判断したのです。

　ところが、振り返りのコーチングをやめてしばらくすると振り返りが行われなくなるのです。このことは後述（6章10）するSOMPOビジネスソリューションズ社でも同じ経験をしています。同社では1サイクル6か月でこの活動を行い成果も出ているのですが、次のサイクルに入らないことが多いのです。せっかく成約率が高いやり方を覚えたのになぜ継続しないのか。

　原因は大きく二つだと思われます。
　ひとつは、振り返りだけでコーチングしていたことです。振り返りは活動結果ですから、次のアクションに結び付けることがむつかしいのです。次のアクションに結び付けるためには、面談の前にコーチングを行い、そのあと面談してその結果を振り返る、こうすれば活動の全体を把握することができると同時に、担当者も事前の議論をもとに行動するので、

面談内容を評価できるようになります。標準営業活動に事前
の議論を追加する必要があると考えました。

　二つ目は、この活動をどうするかは担当者に依存していた
ということです。ファシリテーターが活動内容を聞き出しま
すが、契約確認や案件創出は営業に任されています。代理店
の仕組みなっていないのです。代理店として認知された仕組
みにする必要があると考えました。

　この二つを解決できれば、この活動は定着するという仮説
にもとづいて提示するのが生産性1500万円モデルであり、
その柱になる案件会議（6章）です。

⑧　忙しすぎる営業の担当を絞る

　私は代理店の業務改善支援を生業にしていますが、仕事の
性質上事務の人たちとの接触が多くなっています。事務の人
たちと話していると営業に対する不満が山ほど出てきます。
　不備が多い、期限を守らない、どこにいるかわからない、
事務は頑張っているのに成績が上がらない等々で、これだけ
を聞いていると営業はいい加減なことをしているのかと誤解
してしまいそうです。

　新規契約の経緯を調査する機会に営業活動をヒアリングし
ました。その時営業活動で困っていることもヒアリングしま
したが、そこで共通していたことは忙しすぎるということで

した。そのことを聞いたとき、一瞬何かおかしいなと思いました。事務の効率化を行い、事務が営業の仕事の一部を引き受けるようになっていましたから、営業にはゆとりがあると思っていたからです。でも話を聞いてみると、営業が言っていることにも説得力があると思ったのです。

営業は実に多くのことをやらなければならないということが分かりました。事務が支援してくれているとはいえ多量の更改事務と募集、事故対応、お客様からの相談事対応、保険会社や代理店のキャンペーン、コンプライアンス対応、未納等の例外対応等々、担当が決まっていない事柄の引き受け口にもなっているようです。とても新規案件創出に割ける時間がない、というのが営業が感じている実情です。

当たり前のことですが、代理店としてまた保険会社として、営業に期待していることは増収です。増収は新規顧客の発掘と既存顧客からの契約追加となります。現在の代理店の営業にはこの二つの役割が暗黙の裡に課されているようです。それに加え、前述の多種の役割も担っていますので、常に仕事に追いまくられているという状況が、続いています。忙しさの実感としては事務以上かもしれません。

この状況を打破して、増収という役割を果たすためには、何らかの戦略が必要です。その戦略が、営業の役割を絞るということです。

　まず、市場開拓の役割を営業から外します。市場開拓を行わなくても代理店は増収できます。ここでは詳細な議論は割愛しますが、このことを裏付ける経験を数多くしています。

　次に、左下層のお客様の担当を外します。左下層のお客様の特徴は代理店に対する愛着が少なく、保険には仕方なく入っているというものです。代理店から見ても魅力度は低いのですが、営業時間はたくさん取られています。この層のお客様を事務が担当することで営業の物理的負担も精神的負担も大幅に減ると考えられます（仮説ですが）。

　さらに、保険料未納対応を事務の役割としたり、代理店としてのキャンペーンも営業と事務で案分して行うというようにしていくと、営業の時間を創出することができます。

　そして、営業の担当を右上層に絞り役割を増収に絞るのです。

⑨　営業が担当する右上層の特徴

　営業が担当するのは右上層のお客様です。右上層の特徴についてはすでにお話ししていますが、営業活動にとって重要な特徴をまとめます。この特徴はすべてが当てはまるわけではありませんが、右上層はこの傾向が強いと理解してください。

　一つ目は、代理店を信頼していることです。代理店という業態にとって信頼度は競合の強さですので、よほどのことがない限り代理店を替えようとは思いません。信頼しているということは、相談が多い、話を聞いてもらえる、家族や業績

といった情報を教えてもらえるという特徴があります。標準
営業活動のコーチングでも、業績を突っ込んで聞いてくださ
いと依頼することがありますが、どういう聞き方をしても教
えてもらえるという経験があります。

　二つ目は代理店から見て魅力度が高いということです。魅
力度は保険料、収入の大きさ、資産で測ります。これらが大
きいということは保険リスクが大きい、つまり保険で補償で
きる金額が大きいということです。個人でいえば勤務先と家
族情報、法人でいえば業績の変化が保険リスクに影響を与え
ます。新規案件調査もこのような情報が案件と関係が深いと
いう結果が出ています。このような情報をお客様から聞き出
し、さらに突っ込んだ質問を行って、潜在的な保険リスクを
顕在化させることがお客様にとってもメリットがあることな
のです。

　三つめは、この層のお客様は代理店の成長を喜んでくれる
ということです。多くの人は自分のファンのチームが勝つこ
とを喜びます。この層のお客様はある意味代理店のファンで
す。代理店が成功することを望んでいます。担当営業の成長
も喜んでくれます。また、自分が担当営業を成長させること
に対しても前向きに行ってくれます。営業の育成にはこの層
を担当させることが有効なのです。

　余談ですが、私も営業経験があります。ひよっこの時に担
当したお客様が右上層で、いろいろと教えてもらったりした

ことがあります。また、私の契約の手助けも行ってくれ、どうしてここまで支援してくれるのか不思議に思ったものです。経験の少ない営業を育成するときはこの層のお客様を担当させる方がいいのです。

　以上、右上層の特徴を述べました。代理店の増収への寄与、営業員の育成にとってこの層が代理店のターゲット層だということです。

((コラム))…「昭和の営業」

> 「昭和の営業」をネットで調べると、飛込、モーレツ、売り込みという言葉が出てきます。昭和時代はネットもパソコンもなく、高度成長時代でしたから情熱をもって売り込むことや、粘りやあきらめないことが重要だったのです。私もそういう時代に育った営業ですからDNAに刷り込まれています。
>
> 　昭和の営業が時代に合わなくなってきていると感じたのは10数年前からです。売れているものが今までとは違ってきている、売り込みをしなくても売れるという事例が身近なところで増えてきたのです。私だけでなく、多くの同世代の人たちも同じようなことを言うようになりました。時代は変わってきていると感じたことを覚えています。
>
> 　『人を動かす、新たな3原則』（ダニエル・ピンク　2013年）に私が感じていたことがわかりやすく説明してあり、売り込みに変わる新たな原則（同調、浮揚力、明確性）を

説いています。この本は世界中でベストセラーになり、現在ではマーケティングをかじっている人であれば常識となっています。しかし、現実は、多くの創業者はそう思っていないことが分かりました。

　私が主宰している代理店成長クラブで岩崎邦彦先生の話を聞く機会を作りました。岩崎先生は『小が大を超えるマーケティングの法則』『引き算する勇気』（いずれも日経新聞出版社）等の著作がある静岡県立大学教授です。中小企業目線でマーケティングをわかりやすく説明しています。
　代理店成長クラブは生産性を高めるという私の趣旨に賛同した代理店の集まりです。組織化、大型化という時代の要請にも積極的に対応している経営者が多いのです。
　岩崎先生の話は代理店のマーケティングを消費者目線で説明したものでした。消費者が代理店に期待していることは、安全や専門性であり、不満に思っていることは売り込みやしつこいことだというアンケート結果を示しながら、消費者目線に立つことが重要だという話をしてくれました。至極当然の話を具体的なアンケート結果で説明しているので、多くのメンバーは今までの自分のやり方を後押ししてくれていると感じたのではないかと思っていました。しかし、ふたを開けてみると半数以上の経営者が自分のやり方は間違っていたのではないかというのです。
　「売り上げが伸びていない理由は情熱や粘りが足りないからだ」、「営業は数だ、とにかくお客様に会ってこい」といわれてそのとおりやって成功してきた、という経営者が多く、彼らは同じことを営業員に言っている、これが半数以

上の代理店の現実だったのです。「ショックだった」という
感想が懇親会や終了スピーチで聞かれました。昭和の営業
はまだまだ健在であり、どうやらまだ主流なのです。

　これで腑に落ちたのです。
　私が進めている標準営業活動は、保険市場が成熟期であ
るという前提で、成熟期の市場はリピートが重要であり、
すでに保有している契約が自分に合っているかどうかをお
客様は求めているという仮説です。したがって、売り込む
よりも既契約の説明を優先するというガイドをしています。
実際にやってみると、標準営業活動の標準どおりの営業を
行うと成約率が上がる、という実績になっています。
　私はこの実績で代理店は納得し、標準営業活動が定着す
るものと思っていました。しかし、今までに標準営業活動
でコーチングを行った代理店では、層別化は定着したもの
の、営業活動は定着しないほうが多いのです。その原因を
探していましたが、今回のクラブメンバー経営者の反応を
見て、経営者は今でも「昭和の営業」を行っており、標準
営業活動が進めている「売り込まない営業」には抵抗感が
あるということがわかりました。
　「昭和の営業」を変えることはやさしくありません。また、
「昭和の営業」のすべてが時代遅れではなく、大切に続けて
いかなければならないこともあります。したがって、標準
営業活動を定着させるためには今までのやり方を修正する
必要があるということです。これが生産性1500万円モデ
ルを考えるきっかけになりました。

6章　案件会議

この章では生産性 1500 万円モデルの柱の一つである案件会議の狙い、考え方、手順を説明します。

最初に生産性 1500 万円モデルで提唱している営業プロセスを説明します。

1 ▸ 生産性 1500 万円モデルの営業プロセス

生産性 1500 万円モデルの営業プロセスの特徴は更改の中から新規案件を目指すことです。新規案件の活動を個別に行うのでなく、更改活動の中で行います。

更改の最大の特徴はお客様が更改を普通の手続きだと思っていることです。また、更改で代理店の営業と会ったり話したりすることも手続きの一環だと思っています。定期的に（ふつうは 1 年に 1 回）行う保険の必要手続きなのです。

したがって、代理店は膨大な数の更改をこなさなければならず、そのため面談ではなく電話募集が多くなり、さらに事務に一部の更改を頼むことになるのです。更改をいかに効率よくこなすか、というのは長い間の代理店の課題でした。

ある代理店が生保に力を入れようとしたとき、生保の営業と組みました。生保の可能性のあるお客様を代理店が選定し、生保営業と一緒にお客様を訪問するのです。この時お客様が

右上層であれば、お客様は何の違和感もなく生保の営業とも話をします。ただし、代理店の営業が同席していればです。生保の営業はニーズ喚起やクロージングの話法を訓練されていますので、お客様が違和感を持たないように会話を進めていくことができます。そして、案件ができることが多かったのです。

　この生保営業が言っていたことはとても印象に残りました。それは「損保代理店は、いつでもお客様に会うことができる」という言葉です。生保の営業でハードルが高いのはお客様に会うことつまりドアノッキングだということを改めて感じました。もう一つ付け加えると、生保の営業はターゲティングといって可能性の高いお客様を見つける必要があります。このために紹介依頼というスキルも必要になるのです。おそらくその生保営業は、ターゲティングもドアノッキングもしないで、優良顧客と会話できる損保代理店はいいなあと言いたかったのだと思います。こちらの主観かもしれませんがそういう顔をしていました。

　更改は時間がかかるので、私がこの仕事を始めた2000年ごろはどうすれば更改時間を短くできるか、という議論が行われていました。長期契約にしたり、満期日を合わせて一度の面談で複数の更改を完了させるという知恵が生まれたのもこのころだったと思います。私も当時は更改の効率化を真剣に考えたものです。更改を効率化して新規活動の時間を作るという狙いからです。

　しかし、マーケティングセオリーである層別化を代理店営

業に適用すると、右上層をターゲット層だと考えれば、ターゲティングもドアノッキングも必要ない、ということに気が付きました。そして、やはりマーケティングセオリーである商品ライフサイクルを適用すれば、お客様の最大の関心事は自分の契約の価値最大化だということなので、既契約の価値を説明すればいい、ということになるのです。そしてそういう事例を探すと、生産性の高い代理店でこのやり方を実践している代理店があり、会って話を聞くとセオリーどおりのことを行っていたのです。彼らのターゲットは右上層であることも確認しました。

ということで、右上層が違和感なく会ってくれる更改を活用して新規案件を発掘することが、最も無駄なく新規案件創出につながると考えました。また、案件創出に結びつく準備作業も、今まで行ってきた標準営業活動で明らかになってきています。

［図6-1］ 1500万円モデルの営業活動

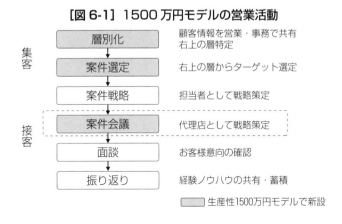

	層別化	顧客情報を営業・事務で共有 右上の層特定
集客	案件選定	右上の層からターゲット選定
	案件戦略	担当者として戦略策定
接客	案件会議	代理店として戦略策定
	面談	お客様意向の確認
	振り返り	経験ノウハウの共有・蓄積

　生産性1500万円モデルで新設

生産性1500万円モデルにおける営業プロセスは上記をもとにして構成しています

それでは営業活動プロセスをご説明します（図6-1）。

①満期一覧リストの受領

満期一覧を受け取ることからプロセスが始まります。通常満期一覧は満期の2か月もしくは3か月前に事務が作成し、営業に渡されます。

②層別化

満期一覧を受け取ると層別化を行います。層別化は事務と一緒に行います。層別化を行いながら右上層を特定し、営業が担当することを決めていきます。右上層以外は事務の担当になります。ただし、新規案件の可能性を持っていると営業が判断したお客様は、右上でなくても営業が担当して構いません。層別化を行いながら、事務と合議しながら担当を決めていくという感じです。

層別化の過程で事務は顧客情報を営業と共有します。

③案件の特定

担当が決まると営業は個々のお客様の情報をもとに新規案件を選定します。このとき選定するのは、こちらからの働きかけで案件を創出する可能性のあるお客様です。目安として担当者ごとに月2, 3件の新規案件候補を選定していきます。

④案件戦略

案件顧客を選定したら、どういうアプローチを行って案件創出につなげるか考えます。

まず更改案件の内容を確認します。お客様に何らかの変化があれば、既契約の見直しが必要になりますので、現在のお客様の状況に現契約があっているかどうかを考えるのです。難易度は高いので、契約一覧を作成することを勧めています。契約一覧を作る作業は契約内容を確認しなければならないからです。

次に、お客様の変化や商品情報をもとに、不足している補償について考えます。お客様のすべての保険リスクを自分がカバーするとしたらどうするか、という視点で考えます。

⑤案件会議

1500万円モデルで取り入れたやり方が案件会議です。

案件会議の目的は二つです。

一つは代理店として認知された活動にすることです。代理店として認知された、というと堅苦しく感じますが、営業会議と同じく代理店としての決まった会議だということです。出席者は営業チーム、社長、事務（事務リーダー）それにファシリテーターです。ファシリテーターについてはのちほど説明します（本章8）。毎月満期一覧の配布が終わったころに開催します。

二つ目が、案件創出を営業個人の活動から代理店の活動にすることです。標準営業活動では、準備は営業に任せ、振り返りで内容を確認していましたが、1500万円モデルでは、

113

準備の段階で代理店の知恵を組み入れます。案件会議を通して営業は代理店のノウハウを吸収できます。案件会議は案件創出だけでなく、営業の育成を兼ねています。

　営業会議には営業一人当たり2件もしくは3件の案件を出し、1件ごとに案件創出の議論を行います。議論の内容については後程述べますが、1件当たりの議論は結構時間がかかります。実際に案件会議を行ってみると、半日ほどかかることがありますが時間をかけるだけの価値があると考えています。

⑥更改面談

　案件会議で決めたことをもとに面談を行います。従来のやり方と異なるのは、更改面談で行うことの枠組みができていることです。案件会議で代理店としてお客様に確認する内容を決めていますので、その内容に従って話を進めていきます。標準営業活動においても、準備をきちんと行って面談内容を決めることで面談の精度が上がったという事例があるように、事前に枠組みを決めておくことは活動の精度を上げることにつながります。

　面談で大切なことは、お客様の反応です。お客様の反応を正確につかむことが営業力強化につながります。

⑦振り返り

　振り返りは案件会議の前半に行います。案件会議で決めたことを面談で実施し、お客様の反応がどうだったかを確認します。こちらの提案に対するお客様の反応が代理店のノウハ

ウになりますので、ファシリテーターが質問をしながら確認します。案件創出に至らなくてもお客様の反応から原因を推測することが重要です。PDCA の C に当たるところで、ルールどおりできたか、ルールどおりやって成果は出たか、成果が出なかった原因は何かということを案件ごとに確認します。

　以上が営業の営業プロセスになります。

2　案件創出メカニズム

　案件会議の説明の前に案件創出メカニズムについてお話しします（図 6-2）。

　多くの新規案件ヒアリングを行って分かったことは、案件

[図 6-2] 案件創出メカニズム

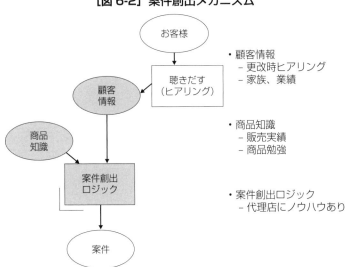

ができるのは二つの情報からだということです。それは商品情報と顧客情報です。人によってどちらに重点を置くかは異なりますが、最初に営業が教育を受けるのは保険商品です。更改活動を通じ、営業は商品の説明を繰り返し行いますので、自然と商品知識が身につきます。商品知識が身につくと、お客様の保険リスクの中で、知っている商品でカバーできるものを見つけ出すということを無意識のうちに行うようになります。一般的には商品知識をもとにして、その商品が適用できるお客様情報を見つける、というのが案件創出です。

　商品知識が豊富になると、お客様情報から、お客様の潜在的な保険リスクを推測し、商品と結びつけることができるようになります。営業力のある営業はこういう営業だと思われます。

　上記が正しいとすれば、案件創出は商品知識とお客様の保険リスク情報から成り立つということになります。そうであれば、代理店として行うことは、商品知識を身につけさせることと、保険リスクに関係する顧客情報を集めることです。

　一定規模以上の代理店であればこのノウハウは必ず存在します。このノウハウがなければ一定規模を維持できないからです。

　案件創出が以上のメカニズムでできているならば、代理店として営業が選定した案件にそのノウハウを組み入れるやり方を決めていけばいいのです。それが案件会議になります。

3 案件会議

　生産性1500万円モデルの営業活動の柱が案件会議です（図6-3）。

　案件会議の狙いは、案件創出を代理店の正式な活動として行うことです。案件創出メカニズムで述べたように、案件創出は一定規模以上の代理店では必ずできます。今まではそういう場がなく、営業個人に依存していました。その結果、営業の個人的な能力で、伸びる営業とそうでない営業ができ、営業の育成歩留まりが低かったと思われます（私の観察では大手企業より歩留まりは低い）。案件会議は個人の能力だけでなく、代理店のノウハウも組み入れて案件を創出できるスキルを身につけさせる、代理店が認知した正式な会議なのです。

[図6-3] 案件会議

ファシリテータ　メンター（社長）　営業　　　　　　事務
議事進行役　　ノウハウ供出　案件選定・計画提示　情報共有と議事録

契約品質
事故時の補償はお客様の意向どおりか
（代理店としてお墨付けを出す）

案件創出
カバーしていない保険リスクはないか
（右上層の保険リスクを100%カバーする）

顧客情報
不足している顧客情報はないか
（顧客の保険リスクを推定するための情報）

お客様確認
合意事項
（面談ストーリー
となる）

したがって、案件会議には営業だけでなくメンター（経験のある営業を助言者もしくは指導者として）、ファシリテーター、事務（議事記録者として）が参加します。参加者の役割は後述（本章8〜10）するとして、案件会議は代理店の正式な活動であり、スケジュール化されていることが必須です。

4　契約品質

　案件会議で最初に行うのが契約品質です

　契約品質とは、事故が起きた時にお客様が期待していた補償が出ることをいいます。このことは当然のように思われますが、現実は大きな災害や事故の時のお客様のクレームで最も多いのが「どうして保険が出ないのだ」ということだと聞いています。お客様が入っていると思っていた補償が契約内容から漏れていたということです。何のために保険に入ったかわからない、というクレームほど保険の価値や代理店の価値をなくすことはありません。しかし、現実にこういうことが多いということは、契約品質を上げることが日常活動において結構難易度が高いということを表しています。

　自動車保険や火災保険といったポピュラーな保険でも、補償内容は複雑で、お客様から見ると選択項目が多くて分からないのです。適切な補償を選ぶことは、お客様の情報を最も持っている担当代理店以外には事実上できないことなのです。したがって、災害や事故が起きて補償が出ないということはお客様の責任ではなく代理店の責任だといえます（法的

にはこうはなりませんが)。したがって、単純な前年同条件ではなく、お客様にとって万全な補償を勧めなければならないとともに、お客様が補償を外すと選択した場合の理由もきちんと押さえておく必要があります。

　福岡の株式会社ベストコンサルは毎月更新面談と呼ぶ会議を行っています。この会議には統括部長、営業担当、営業とペアの事務担当が参加し、満期案件のチェックを行っています。統括部長は保険商品に強く、約款の読み込みだけでなく、損害支払いの事例も研究しており、商品が持っているリスクについての情報を集めています。更新面談では、案件ごとにお客様情報と契約内容を照合し、お客様が誤解しそうな内容がないかをチェックします。その結果、お客様への確認事項が決まります。同社の更新面談を終えた営業にヒアリングした時の回答は、「これで安心してお客様に説明できる。契約品質を維持できる。」というものでした。

　ベテランの営業でも個々の商品に対する詳細な理解にはばらつきがあり、商品のプロによるチェックは心強いということです。

　このような商品のプロがいる代理店は数少ないと思いますが、代理店として契約品質にベストを尽くす必要はあると考えます。自信のない商品に関しては保険会社の支援を得ることも必要でしょう。

　福岡の株式会社西日本総合保険は契約にかかわる最低限のチェック(年齢条件と被保険者年齢が合致しているか、免許証の色と有効期限、質権有無等)をあらかじめプログラム化して、

案件ごとに確認すべき要注意項目を赤字で提示するようにしています。更改件数が多い時は、ベテランでも最低限のチェックも失念することがあるので、このようにプログラム化しておくことも契約品質を維持する手法だといえます。

いずれにしても、保険はむつかしいという前提に立つ必要があります。約款を読みこなせるお客様は極めて限られており、一般のお客様は自分の補償内容を理解していないと考えて、少なくとも更改の機会にその確認を行うことは代理店の価値を維持するうえで必要だと考えます。

5 案件創出

案件創出では二つの議論をします。

一つ目は保険リスクの確認です。保険リスクの確認とは、自社でカバーしている保険リスク以外に保険リスクがあるかどうかの確認です。契約品質では、現契約の中でカバーしている内容がお客様の現状と合っているかを議論しました。案件創出では保険リスクの幅を広げて、自社でカバーしていない保険リスクについても議論します。例えば、自動車保険に加入しているが持ち家なので火災保険も必要だ、火災保険はどうなっているか、という議論です。

生産性1500万円モデルの原則は、右上層の保険リスクはすべて自社でカバーするというものですから、この議論をしっかりと行います。多くの場合、お客様は保険を付き合いの延長だと考えていますので、生保はだれから、火災はだれからという風に種目ごとにだれから入るか決めています。し

かし生産性1500万円モデルでは、右上層に関してはお客様
の保険リスクはすべて自社で契約する、事情があってできな
い場合でもできない理由を把握します。そうすることが何か
あったときにお客様が困らないようにすることにつながりま
す。

　そうはいっても、自動車保険と火災保険の知識しかない営
業にとっては何がお客様の保険リスクか分からないことがあ
ります。そのような場合でも、右上層のすべての保険リスク
をカバーするためには、代理店として持っている知恵をフル
回転して保険リスクを見つけます。そこまでやるというのが
生産性1500万円モデルです。

　とはいえ、お客様の情報がつかめていない場合は代理店の
知恵をフル回転させても保険リスクは見つかりません。保険
リスクを見つけるためにはお客様情報が必須になります。案
件会議の案件創出においては、不足しているお客様情報を特
定することも行います（本章6）。

　さて、自社でカバーしていない保険リスクが見つかったと
します。次に行うことはお客様がそのことを理解しているか
どうかです。これはお客様に直接聞く以外に方法はありませ
ん。というよりお客様に直接聞くべきです。お客様の反応は、
不快に思う、驚く、不思議な顔をする、感謝するという具合
に幅広いと思われます。お客様の反応が読めれば聞き方を工
夫することも可能ですが、読めない場合は不安が先に立ち、
お客様に聞くことをためらってしまいます。しかし、この壁
を越えなければお客様の保険リスクをすべてカバーすること
はできません。ではどうするか。

いくつかやり方がありますので紹介します。ただし、万能薬はないと考えてください。

　まず、一定規模以上の代理店にはそのお客様を熟知している営業が高い確率でいます。そういう営業がいる場合は、その人に反応を予測してもらえばいいのです。これが最も確実で難易度の低いやり方です。

　次は、代理店でルールを作るのです。例えば、「今年度から重要なお客様にはお客様が持っているすべての保険リスクを把握します」というルールです。そしてこのルールを右上層（重要なお客様）に必ず伝えます。営業の思い付きでないことを示すために社長が同行することも手でしょう。重要なことは、お客様はルールができていればルールに従うということです。PDCAの項（4章3、4）でも説明しましたが、ルールをつくってルールどおりにやるというのは組織レベル3以上の組織であり、組織レベル3以上になると目標を達成できるのです。

　3番目のやり方は、右上層は代理店を信頼しているので、どういう聞き方をしても不快には思わない、というセオリーを使います。私は標準営業活動のコーチングを行っていた時、このやり方で担当の方たちに聞いてもらっていました。私の経験の範囲内ですが、右上層で答えてくれなかったお客様はありませんでした。

　以上が保険リスクの把握です。

　案件創出で議論する二番目は、保険リスクをカバーする商品です。お客様が反応してくれた場合、次のステップが商品説明になるからです。商品知識が豊富な営業であればお客様

の反応に従って適切な商品を説明できるでしょう。経験の浅い営業の場合は、そういう反応が出た場合回答できる商品が少ないので、こういう話をお客様にできないということもあります。案件会議を行う目的は、こういう場合に代理店としてお勧め商品を選定することです。お客様の反応に応じて説明資料を用意しておき、面談ストーリーの中に組み入れます。

6 顧客情報

　案件会議の三つ目は顧客情報です。

　保険リスクの議論をすると、顧客情報が不足していて保険リスクの議論ができないということが往々にしてあります。標準営業活動の実績からも顧客情報と活動レベルには相関があるという結果が出ています。また、前述の新規調査で分かったことは、新規案件につながる顧客情報は家族の変化、業績の変化に絞られるということです。しかし、現実はこの二つの情報をつかめていないことが多いのです。

　商品知識が豊富で経験もある営業は、保険リスクに関係が深い顧客情報を積極的に聞き出しています。

　しかし経験の浅い営業は何をどうやって聞き出すかを知らないことが多いのです。

　聞き出すべき情報は今までの経験から、個人の場合は家族の変化、法人の場合は業績の変化です。聞き出し方は、前項でご説明したように、お客様を熟知している営業から教えてもらう、代理店としてルールを作る、右上層には当たって砕けろでもいい、の中から最も現実的なやり方を選ぶことです。

重要なことはお客様から直接聞きだすことです。人は、自分が機微情報だと考えていることを、自分以外のルートで知られているということを不愉快に思います。しかし、自分が話した相手である場合は、知っていて当然だと思います。ここが重要なところです。保険リスクに関係する顧客情報は機微情報であることが多く、お客様から直接聞きださないといけないのです。

案件会議では契約品質、案件創出の議論から分かった顧客情報の不足分について、何をお客様から聞き出すかを記録し、面談時に確認するとします。

⑦ 合意事項を記録する＝面談ストーリーができる

案件会議では今まで述べた契約品質、保険リスク、顧客情報の議論を行いますが、大事なことは担当者が面談で行うことに合意することです。そして合意した内容を記録します。

合意した内容とは面談時にお客様に説明することやお客様に確認することやお客様にヒアリングすることです。例えば

・現在の契約は車両保険に入っていないが、お客様は事故があったときに該当の保険金が出ないことを承知しているか

・自動車保険２台の補償内容が異なっているが、何か事情があったのか、お客様はそのことをご存知か

・火災保険は入っているが家財には入っていない。これはお客様が希望したことなのか、それとも知らなかったのか。

・現在加入中の医療保険は10年以上前の契約で、入院保険の免責がある。5日までの入院には保険金が出ないことをご存知か。
・飲食店なのに中毒等の補償がない。わざと外しているのか、それとも他社で入っているのか確認しよう。

というような内容になります。

　このように合意事項を記録することは参加する担当者にとって心強いことだといっています。それは面談ストーリーができるからです。面談ストーリーというのは、更改契約でお客様と面談する場合に、何をどう話していくのかという流れです。おそらく現在多くの代理店の営業担当者は、更改の面談ストーリーを特に用意していないものと思われます。標準営業活動で代理店の従業員から大きな成長をしたと認められた営業員は、「準備をしっかりすることで面談ストーリーができ、安心して面談できるようになった」と言っています（5章4）。ということはそれまでは面談ストーリーを考えていなかったということです。

　今まで経験した案件会議や類似会議（更新面談、「何かあるミーティング」（本章10））に参加した営業担当者が口をそろえて言っていることは「面談ストーリーができたので安心して面談できる」ということです。経験の浅い営業だけでなくベテランの営業でも面談ストーリーというのは新しい概念のようです。

　面談ストーリーは記録します。営業は記録した面談ストーリーに従って面談を行います。そして面談結果を記録してい

きます。面談結果の記録は対応履歴と同じ内容になると思われます。対応履歴を記録する活動と異なるのは、事前のストーリーがあるかないかですが、この違いは結構大きいと考えます。

面談結果は前述の振り返りで全員が共有し、代理店のノウハウとしていきます。

8 ファシリテーターの役割

案件会議にはファシリテーターを置きます。ファシリテーターとは議事進行役という意味です。案件会議の議事進行を務めます。

ファシリテーターは案件会議の開始を宣言し、案件ごとに担当者から説明を求めます。説明が終わると、参加者からの意見を求め、議論を行い、最終的に担当者は合意事項を記録します。ファシリテーターは担当者が合意事項を記録したことを確認し、次の案件に進めます。

これだけのことですが、わざわざファシリテーターを置くのは、参加者の中の上位者が担当者に命令することを防いだり、担当者同士が自由に発言することを勧めたりするためです。

案件会議には社長もメンター（本章9）として参加するようにしています。多くの代理店では、社長は現役の最強の営業です。商品については現場経験をもとに注意しなければならない補償についてよく知っており、お客様のこともおそら

く誰よりもよく分かっています。したがって、メンターの役
割を理解していればいいメンターになれるはずですが、今ま
での経験では命令口調になったり、数字獲得を優先したりし
て、案件会議の主旨から逸脱するような行為を行うことがあ
ります。ファシリテーターは社長の発言を一定の方向にもっ
ていくという結構難易度の高い役割も持っているのです。

　また、ファシリテーターは案件ごとの着地点を指示します。
案件会議の着地点は、案件ごとの担当者の合意（面談ストー
リー）です。契約内容の確認、保険リスクの確認、ヒアリン
グ項目といったことに担当者が合意し、合意にもとづいて面
談を行うというのが案件会議の進め方です。したがって、担
当者には合意内容を記録し、面談では合意内容に沿って行動
するよう指示します。

　ファシリテーターはこのように重要な役割を持ちますの
で、案件会議を始める場合は、外部からファシリテーターと
して教育を受けた人をファシリテーターにすることをお勧め
します。保険会社の社員もファシリテーターの候補です。

　案件会議が軌道に乗ってきたら、ファシリテーターを代理
店内の人にバトンタッチします。

⑨　メンターの役割

　案件会議にはメンターが参加します。メンターとは指導者
という意味です。

　案件会議のメンターは、代理店の社長、営業リーダー、保

険会社の社員等が受け持ちます。

　メンターの役割は、案件に対して自分の経験や知識をもとに意見を言うことです。突っ込んだ質問でも結構です。担当者もそれに対し自分の意見を言って、お客様に確認すべき事項を決めていくのです。

　経験を積んだメンターはお客様情報から保険リスクを知ろうとします。保険リスクは豊富な商品知識や事故経験などを通じてメンターの頭の中で顧客情報とリンクしています。経験の浅い担当者が思いつかないような保険リスクを見つけることができるのもメンターの役割の一つです。その際に、保険リスクと結びつく顧客情報を伝授できれば、営業の育成にもつながるわけです。ここが重要なことです。保険リスクと関係しそうなお客様情報を、メンターがどうやって特定しているかを、経験の浅い営業が体験するという場面になります。こういうことを繰り返すことにより、営業がお客様にヒアリングする項目ややり方を伝授するわけです。メンターという役割を作っている理由です。案件会議は、営業員育成の重要な場なのです。

　メンターとして気を付けなければならないのは、数字にこだわったり、命令したりすることです。社長や上司はどうしても目標数字を優先しますが、案件会議はお客様にとってベストな補償を見つける場です。そのことを逸脱しないように振る舞う必要があります。そのように行わない場合はファシリテーターが制約を掛けることになります。

⑩ 事例紹介

　損保ジャパンの子会社の SOMPO ビジネスソリューションズ（以下 BSS）と、5 年ほど前から標準営業活動の推進を行っています。私から標準営業活動の考えとやり方を伝え、積極的に取り組んでもらっています。

　昨年（2020 年）初め、標準営業活動の成果と課題を議論した時に、BSS からも似たような課題が出されました。継続性及び実効性を高めるやり方として、事後の振り返りに加え、事前の準備段階での情報共有を行うというものです。案件会議の発想と同じでした。同社は新しい会議体を「何かあるミーティング」と名付け、同社の代理店支援プログラムに組み入れています（以下「何かあるミーティング」を案件会議と置き換えます）。

　案件会議において同社はファシリテーター役を務めます。メンターには社長や営業リーダーや保険会社社員がなっています。満期一覧の右上層から 2 件もしくは 3 件を営業が選んで案件会議にかけます。案件会議にかける案件は営業があらかじめ自分なりの戦略を立てるようにしています。案件会議では契約品質、保険リスク（何かある）、お客様情報を議論し、合意事項を記録します。この時に同社はグループウェアの案件会議アプリを開発し、営業が自分で合意事項を入れるようにしました。したがって事務の参加はありません。営業は案件会議合意事項をもとに面談を行い、面談の結果を記録します。その記録をもとに振り返りを行います。

　案件会議を実施してみると期待以上の反応があると同社は

言っています。何よりも参加する代理店の営業が、この会議を楽しみにするようになったということです。振り返りだけだと、面談までの流れは営業個人に任されるわけですが、案件会議だと自分の案件を協議してくれ、面談で行うことがはっきりする、というのが営業の評価です。面談ストーリーの効果がここにも表れています。

　成果が伴っていることも反応の良さにつながっているようです。まだ統計分析ができるほどの件数が上がっていませんが、小さな案件創出も含めると期待した成果は出ているようです。それも、案件会議で合意した内容を面談で実施した結果という事例が多いと言っています。

　同社の活動にはもう一つ重要な実績があります。それは継続性です。同社は標準営業活動の支援を一回り6か月で行っています。以前の活動は一回りが終わると終了なっていましたが、案件会議に関しては継続が多いということです。まだ始めたばかりで、継続性を実証できているわけではありませんが、案件会議は代理店の実務的な重要会議体になる、と期待できそうです。

((コラム))…プロポーザルレビュー

　私事で申し訳ありませんが、私も営業を行っていたことがあります。前職IBMで営業を行っていた時、提案書をお客様に説明する前に必ずプロポーザルレビューを受けていました。レビューするのは上司や関連部門です。大きな提案をするときは上司の上司からもレビューを受けました。

そのくらい会社として重要視していたのです。

　非常に印象に残っているのは、上司から「ところでこの提案をしてお客様は何がよくなるのか」と聞かれたことです。提案ですから何かがよくならないと意味がないですから、何がよくなるかは提案書に書いてあります。しかし、上司は、どうしてよくなるのかを何度も聞いてくるのです。

　たとえば新しい機種を導入することでパフォーマンスがよくなり、処理時間が短くなるというのがお客様にとってのメリットだと説明しても、処理時間が短くなると何がよくなるのかと聞いてくるのです。こちらは、処理時間が短くなって作業が早く終わるとそれだけでメリットになると思っているのですが、上司が訊いているのは作業が早く終わることはコスト増をカバーするだけの価値があるのか、ということを聞いているわけです。さらに、今は何が困っているのかとも聞いてきます。

　営業になりたての時は、上司は自分の提案を否定しているのかな、と思ったこともあります。しかし、上司が私を分からせたかったのは、お客様に価値があるものを提案しているのか、ということだったのです。

　何度もレビューを受けて、自分の提案がお客様の問題の何を解決し、どういう価値をお客様にもたらすのかが分かったとき、提案説明に向かう自分に、これでお客様も納得するという大きな自信と、会社としてもこの提案を支持してくれているという安心感とを感じました。

　提案前の事前のレビューの重要性を認識した事例です。

7章　IT 活用

1　保険会社の代理店システム

　代理店における IT 活用の経緯を主観も交えてお話しします。

　保険代理店の業務分析という仕事を始めて 20 年になります。この間、代理店業務の効率化は著しいものがありました。20 年前、代理店は営業も事務も残業が当たり前でした。仕事に追われていたという感じでした。当時業務分析の中で時間測定を行って、やり方を変えたり自動化を図ったりしたらどのくらい作業時間を短縮できるか分析をしたことがあります。分析結果は 55％の仕事を減らすことができるいうものでした（拙書『保険代理店の戦略的事務構築論』76 頁参照）。キャッシュレスで 20％、システム活用で 35％、削減できると予測しました。20 年たった今振り返ると、当時の予測以上に作業量は減っています。IT 活用度合いが予測よりも多かったのです。

　当時も保険会社は代理店システムを提供していました。主として見積書や申込書を作成するシステムで、オフラインで動くシステムが多かったような記憶があります。2006 年ご

ろ、ある保険会社の代理店システム開発に携わったことがありましたが、その時に言われたことはオンラインで見積書や申込書ができるメリットを代理店に伝えてほしいというものでした。そのくらいオフラインシステムが主流だったのです。

保険会社は代理店システムに利便性を加えることを積極的に行い、代理店システムは使いやすく機能も拡大していきました。特に東京海上日動社が2008年に本番稼働した抜本システム（TNet）は、見積書作成から計上まで一貫してオンラインでサポートし、紙ファイルを持たなくても更改ができるという画期的なものでした。商品の抜本的な構造改革（抜本商品）を行い、抜本商品の申込書作成を優先して行い、抜本商品の更改作業を大幅に削減しました[*1]。

損保各社は代理店支援の機能拡大に力を入れ、更改業務、料金収納業務、異動業務、事故業務等で代理店の利便性が大きく上がったのです。

また、一人一台端末を推進し、現在ほとんどの代理店では一人一台端末を実現しています。ちなみに一人一台端末は2006年の調査で生産性との相関が高い項目でした。

2 代理店におけるIT活用の進展

代理店においてもこの10年IT活用は大きく進展しました。この10年でIT活用が進展した理由は、インターネット

---

* 1　拙書『東京海上日動の抜本戦略』（2013年　Inspress@ 績文堂）

化が進みIT製品の価格が大幅に下がりかつ性能が向上したことが大きいといえます。これはどの業界においてもいえることであり、保険代理店に限ったことではありませんが、保険代理店の場合はもう一つ大きな理由があります。それは代理店が使えるお金が増えたことです。

　代理店の事務効率化が進み、事務の戦力化が図られるにつれ、代理店の生産性が上がってきました。事務の、作業時間当たりの処理量は10年前に比べ倍以上になっています。つまり、事務の処理可能な仕事量を増やすことができたということです。その結果、代理店の売り上げ（主として手数料収入）が増えても、内務要員を増やさなくても対応できているので、生産性が上がったと解釈できます。

　同時に、保険会社の施策や金融庁の方針により、代理店の規模を一定以上にする施策が進みました。代理店の規模は年々大きくなっています（生産性と規模の2006年と2021年の比較は4章8「成長モデルレベル調査」および本章コラムを参照）。

　上記のような理由で、代理店が取り扱える資金量は増えています。IT製品がいくら安くなったとはいえ、ITを使うには製品購入とITを使える要員の採用が必要です。生産性が上がってきた代理店はそのための投資ができるようになったのです。

　こういう環境の変化の下で、代理店に影響を与えたシステムについて述べます。

2000年代の半ばごろからファイリングシステムが登場してきました。Windowsのファイル管理機能だけでなく、より検索しやすく実務に即したファイリングシステムが続々と現れたのです。

　代理店業務に占める紙ファイルの管理作業は膨大です。2010年ごろでも、ほとんどの代理店は申込書控えを紙で保管しており、毎年キャビネットを増やさないと保管できないという代理店が多くありました。中には足の踏み場もない、という代理店もありました。

　2009年、東京海上日動社で代理店の業務改善支援のアドバイスを行って、最初に勧めたのがペーパレスです。紙をファイリングシステムに置き換えるのです。ほとんどの代理店で大きな抵抗に遭いました。社長や事務リーダーが過去の失敗をもとに、頑として紙はなくせないと言い張るのです。少しずつ、ファイルの種類を限定しながらペーパレスを進めているうちに、社長や事務リーダーの心配が杞憂だと分かるようになりました。途中からペーパレス化のスピードが速くなったことを覚えています。また、ファイリングの効果はすぐに現れますので、効率化が一気に進みました。

　東京海上日動社に続いて、損保大手各社も代理店の業務改善支援を会社のプログラムとして実施しています。興味深いことですが、どの会社もプログラムの開始時期は、紙ファイルが多くてキャビネの置く場所が足りなくなった、という代理店が多いという話をよく聞きましたが、プログラムを始めて1年もすると紙が大幅に減っていきました。ファイリングは実施までのハードルが低く効果が早くそして大きく表れる

ということです。

　次が市販のグループウェアです。保険会社の代理店システムもグループウェアの機能を取り入れています。最初のころは、市販のシステムを入れなくても十分ではないかと思っていました。しかし、市販のグループウェアの進歩は著しいものがありました。スケジューリング、進捗把握、情報共有どれをとっても機能的に代理店システムを凌駕するようになりました。特にユーザーインタフェイス（画面の設計と操作方法）は市販のグループウェアとの差が大きかったようです。資金ができゆとりができた代理店の多くが市販のグループウェアを導入するようになったのです。その結果、スケジューリング、満期管理、顧客対応履歴等の仕事をグループウェアが担っています。

　次に現れたのが RPA（ロボティック・プロセス・オートメーション）です。RPA はまだ活用に着手し始めたという段階ですが、潜在的に大きな機能を持っています。代理店の更改業務の大半は、膨大な更改案件を、画面操作を行いながら計上するものです。代理店システムによりペーパレスで計上できるようになってきていますが、申込書作成、計上といった作業に携わる時間は今でも多いのです。詳細は後述（**本章 7**）しますが、RPA は大量の繰り返し作業の自動化ができるという意味で、保険代理店の必須 IT になります。

　以上、簡単に経緯を説明しましたが、これからますます

IT 活用の比重が増すと考えています。

　代理店業務へのIT適用拡大について話を進めていきます。

③ グループウェア

　グループウェアはオフィス業務を支援するソフトです。情報共有が主な機能で、スケジューリング、メーリング、ファイル共有（ファイリング）、掲示板といった機能を標準機能として提供します。また、ユーザーが追加のオフィス業務を開発したい場合は、開発支援のための機能を持っています。したがって、グループウェアを導入した企業は自社用のアプリケーションを追加開発して使っています。

　使用料金はメーカーによって異なりますが、1 ID 当たり月額1000円内外というものが多いようです。

　保険代理店ではグループウェアの使用範囲が広まっています。スケジューリングやファイリングで導入し徐々に満期管理、照会管理、ToDo管理、事故管理といった機能を追加しています。

　開発要員は自社要員を当てることが主です。その理由は開発スキルよりも業務スキルの比重が大きいからです。逆にいえば、業務が分かっていれば開発スキルは短時間で身につけることができるということです。ただし、業務が分かるということは、業務内容を文書で記述できることを意味します。これはやさしくありません。業務をこなすことと記述することは異なります。こなすためには数十回の繰り返しをすれば初歩的なことができますが、記述するには別の頭脳回路を使

うようなのです。

　余談ですが、これからIT活用を進めていく場合は、業務を記述できる人を育てるか、業務を記述できる人を身近に持っておくかすることが必要になります。巻末で紹介しますが、（株）成長クラブを立ち上げた理由はここにあります。

　それではグループウェアで実現したい業務へと進みます。

④　顧客情報

　1990年代、日本の金融業界は顧客情報構築に多大な金額を費やしました。保険業界も相当の開発費を投入しました。金融業界のことはよく分かりませんが、保険業界の顧客情報システムは、当時はほとんど活用されませんでした。当時の保険会社には顧客というビジネス対象はなかったからです。保険会社にとってのビジネス対象は契約です。契約管理という業務はあっても顧客管理という業務はなかったわけです。

　代理店で顧客情報を取り扱った最初の事例は、私が知る範囲では、1993年ごろ広島のボアーズ社（5章5参照）が開発した顧客管理システムではないかと思います（ほかにもあるかもしれませんが）。このシステムは顧客と契約を結び付けたものでした。つまり名寄せされた契約情報です。

　その後、保険会社の顧客情報システムは進展し、契約の名寄せが進み、顧客情報に保存できる属性情報も増えてきました。2008年から稼働した東京海上日動社のTNetは名寄せ機能に他社契約も含めることができ、代理店にとって利便性の高い顧客情報になっています。

2020年から稼働し始めた三井住友海上社のMS1ブレイン
は、法人顧客の業種や規模から保険リスクを推定し、お勧め
したほうがいい保険を提案します（これは一例でほかにも多
くの保険リスク推定機能を持っています）。

このような経緯を見ると、保険代理店にとって顧客情報とは、

　①名寄せされた契約

　②保険リスクに関係する情報

が必要だということが分かります。

　前述（4章9）のほけんプラザエイプス社で事務が更改募
集を引き受けることになったとき、事務が担当する顧客を層
別化で区分けすることになりました。層別化の作業を営業と
一緒に行うことで、お客様の属性（家族構成、勤務先、業種、
規模、窓口担当者等）を共有することができ、電話募集する
ときのストレスが大幅に減ったという話を聞きました。

　似たような事例で、CTI（かかってきた電話番号でお客様情
報を表示する設備）を導入した代理店がその効果を、電話を
かけてきたお客さまの氏名や契約内容などが瞬時に分かり、
安心して電話に出られるようになったという話があります。

　つまり、代理店にとって顧客情報は上記に加え、

　③お客様接点活動のストレスを減らす情報（お客様がスト
　　レスを感じないと言い換えたほうがいいかも）

ということになります。

　ここ数年金融庁の指導で強調されている対応履歴も③の範
疇に入れるとすると、代理店にとっての顧客情報とは上記の
①②③のことではないかと思われます。

　この中で①は保険会社のシステムが最も精度が高いのですが、②③については、精度及び取り扱いやすさで市販のシステムのほうが優れている場合があります。

　現在、先進的な代理店では、保険会社システムとグループウェアを併用して顧客情報の管理を行っています。おそらくそれが現時点では最も合理的なやり方だと思われます。グループウェアを使っている理由は、お客様接点のスケジューリング、お客様との情報授受のファイリング、顧客対応等の入力のしやすさといったものです。主として上述の③に該当します。

　後述（本章7）しますが、新しい技術であるRPAは複数システム間の情報を同期化する機能を持つことができます。この機能を使うことにより、窓口システムを一本化し、より使い勝手のいい顧客情報システムができると考えます。上述の①②もグループウェアに取り込めるということです。

　顧客情報は使えば使うほど価値が大きくなるものです。代理店ビジネスの観点でいえば顧客単価の増加につながり、お客様の立場で言えば保険リスクの見落しを大幅に減らしてくれるものです。まだまだ序の口段階の活用だと思われますので、これからの進展に注目しています（私も進展を支援したいと考えています）。

5　満期管理

　20年前に代理店の業務分析を始めたころ、いくつかの先

進的な代理店に行くと壁に張り紙がしてあり、満期の進捗状況を全員が見られるようにしていました。その月に行う満期案件を一覧の形で印刷し、申込書を受理したり計上が終わったりすると終了マークを入れ、未処理の案件が分かるようにしたのです。この張り紙をした代理店で話を聞くと、みんなが見られるようにしたことで更改漏れが減った、と言っていました。

その後、10年近くはこの状況が続いたと思います。

インターネットが普及し、多くの代理店が一人一台のPCを導入するようになると、徐々に状況が変わってきました。サーバーを導入し、共有ファイルを使う代理店が増えてきたのです。張り紙の満期一覧から共用Excelの満期一覧に変わってきたのです。張り紙の効果は大きかったのですが、事務所でないと見られません。共用ファイルにすると出先でタブレットやスマホからでも見られます。

さらにエクセルにすると進捗管理の項目を自由に増やすことができます。案内を送付した、アポを取った、見積書を作成した、申込書を受理した、計上できた、保険会社に送付したというようなプロセスごとの進捗管理がエクセルでは可能なのです。

現在、先進的な代理店の多くはエクセルによる満期管理を行っています。エクセルはPC操作ができる人であればほとんどの人が使うことができるほど普及していますので、多くの代理店は特定の技術者を採用しなくてもできるのです。

しかし、エクセルにも問題があります。それは、担当者が

最新の状況を入力しにくいということです。あるプロセスが
終わったらその場で完了を入力できればいいのですが、エク
セルのユーザーインタフェイスはそのようにはできておら
ず、結構手間がかかるのです（ユーザーインタフェイスを改善
しようとすると高いスキルが必要になります）。ということで、
エクセルの満期一覧表は必ずしも最新の状況を反映していな
い、という状況になります。さらに、進捗を見えるようにす
るためには、複雑な操作を必要とします。したがって、最新
の満期状況を見るための入力と集計の作業負担が増えてきて
います。

　いくつかの代理店がグループウェアを使って満期管理を行
うことにチャレンジしました。エクセルで課題になったユー
ザーインタフェイスがはるかによくなり、担当者がプロセス
完了時に入力する手間が大幅に減り、満期状況の最新性が上
がりました。また、グループウェアには高度な集計機能があ
り、エクセルとは比べ物にならない簡単な操作で集計を行う
ことができます。

　早期更改の状況だけでなく、進捗が滞っている案件を見つ
ける作業も瞬時にできます。

　グループウェアの問題は料金ではないかと思われます。エ
クセルに比べると ID 当たり月額いくらという料金体系です
ので、一般の代理店では費用負担が大きいかもしれません。

　また、エクセルに比べると自在に開発できるための必要ス
キルが大きくなります。少ない要員で開発するにはハードル
が高いでしょう。

　というわけで、グループウェアによる満期管理はまだ一部

の代理店にとどまっています。しかし、この章の初めに述べたように、代理店の規模拡大と生産性向上によって費用面と要員面の問題はいずれ解消されると思われます。

　生産性1500万円モデルでは、満期管理はグループウェアで行うことを勧めます。

⑥ 事例紹介　更新くん

　福岡のベストリスクマネジメント社が開発し販売しているソフトに更新くんがあります。更新くんはサイボウズの元で動くシステムで、満期管理だけでなく照会対応管理や事故管理といった代理店全般の管理業務を含んでいます。

　更新くんで行っている満期管理は、満期プロセスの標準化を前提にしています。私が更新くんを勧めている理由がこれです。私が知っている限りエクセルベースの満期管理は申込書作成やアポ、申込書受理、計上といったポイントをいつ通過したかを管理できるようにしています。これだけでも継続率維持には役に立ちますが、満期プロセスの標準化には寄与していません。

　満期プロセスの標準化は営業や事務の満期活動の手順と役割を定めたものです。満期プロセスの多くの活動にはだれが担当するのかが不明瞭なものがあります。また、活動を行うための情報が不明瞭なものもあります。したがって、プロセスの遅れを見つけたとしてもそのプロセスを担当しているのはだれか、どういう情報があればサポートできるのかといっ

たことが分かりにくいのです。

　更新くんは、満期プロセスの担当を営業なのか事務なのか決めることができます。そうすると担当ごとに現在抱えている案件が分かり、その日に処理しなければならない案件もはっきりします。ちなみに前述（6章4）したベストコンサル社（更新くんのユーザー）では事務が担当するプロセスを13個、営業が担当するプロセスを11個としています。この数は代理店の業務のやり方で異なりますが、更新くんを導入する場合は導入作業の一環として同社がこの支援を行います。更新くんの料金は決して安い料金ではありませんが、満期プロセスの標準化支援が含まれているとすると安いと思います。

　満期プロセスの中には早期更改や面談率といった管理項目も入っており、代理店としてリアルタイムに状況を把握する必要性を感じています。更新くんはそのような管理も瞬時に行うことができます。

　このシステムを導入した複数の代理店にヒアリングしましたが、担当者が自分の満期状況を把握してもれなく活動できること及び、満期プロセスの状況を瞬時に把握できることで満期管理業務が大幅に改善されたといっています。

⑦ RPA の出現

　RPA はロボティック・プロセス・オートメーションの頭文字をとった言葉です。

　RPA は人間が行うパソコン操作をプログラム化して、人

[図 7-1] RPA とは

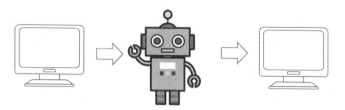

画面操作をロボットに教える
（プログラムを書く）

ロボットは教えられたとおりに
実行する（プログラムを実行する）

間が操作しなくても人間が行うのと同じ処理を行うものです。あたかも、ロボットのようにパソコン操作を行うので、このように呼ばれています（図7-1）。

　比較的新しい技術で、2018年ごろ大手企業での導入が13.5％を超え普及期に入りました。ちなみに13.5％という数字は物事の普及が、限られたオタク的な人から多数の人たちに移ってきたことを表す閾値です。普及が13.5％を超すと誰もが使いたくなる状況になるという意味です。

　RPAが新しい技術であるのもかかわらず注目されている理由は、ホワイトカラーの生産性向上に寄与するからです。特に大量の事務処理におけるファイル間のデータ転写作業は、付加価値の低い単純作業ですが、今までは人手でやらざるを得ずホワイトカラーの事務作業の生産性を下げる要因となっていました。データ転写は単純作業の繰り返しです。ロボットに操作を覚え込ませることも比較的やさしくかつ効果も大きいということから、大手企業の事務部門の生産性向上の切り札として活用が進みました。

　活用が進むうちに、少し手の込んだ操作もプログラムでき
ることが分かり、RPA にやらせる仕事が広がってきている
状況です。私のつたない経験からも、RPA 活用はまだ入り
口の段階で、これからもっと適用範囲が広がると考えていま
す。

　とはいえ、中小企業への普及はまだまだというところです。
　株式会社 MM 総研が 2019 年に行った調査によると、大企
業では 37％、1000 人以下の中小企業では 17％、100 人以下
では 3％という普及率です。代理店は 100 人以下がほとんど
ですからまだほとんど普及していないことが分かります。

　個人的な見解ですが、100 人以下の中小企業への普及が低
い理由は次のとおりだと考えます（代理店も同じ範疇です）。
①　プラットフォームの費用が高い
　　プラットフォームとは RPA を動かす基盤ソフトを指し
　ます。料金体系はメーカーによって異なりますが、月額 5
　万円から 8 万円といった範囲になります。グループウェア
　の 1 ID 当たりの月額が千円内外ですから、10 人以下の
　代理店では RPA のほうが数倍の費用がかかるということ
　になります。さらに、RPA で動くアプリケーションはほ
　とんどの場合開発しなければなりません。その開発費用は
　少なくとも 10 万円以上、これからお話しする更改申込書
　作成になると数十万円以上になります。
②　開発要員がいない
　　RPA 開発に必要なスキルはグループウェアよりむつか
　しいです。エクセル要員をようやく確保して、グループウェ

アの導入を検討しようという多数の代理店にとって、要員のハードルは大きいといえます。また、RPAベンダーはお客様の要望に従ってアプリを開発できる要員を抱えていますが、ベンダー要員を使うためには代理店で要件定義を行わなければなりません。要件定義は中堅企業にとっても難度の高い作業ですので、開発を依頼するのもハードルが高いのです。

③　RPAに適した業務が分からない

　　大企業、中堅企業においてはRPAを使って効率化ができる業務を見つけるのはそれほどむつかしくありません。また、費用対効果も出やすいのです。それが普及率に表れています。しかし、小規模中小企業においてそのような業務があるのか、というのが多くの小規模中小企業の現状です（代理店も同じです）。

　こういう状況であるにもかかわらず、生産性1500万円モデルでRPA活用を勧める理由をお話しします。

　最大の理由はRPAを使って解決できる課題がある、ということです。代理店の現状は、規模の拡大、事務の戦力化志向に表れているように、持続的な成長を図るためには従業員の能力をフルに生かすことを大きな経営課題にしています。有能な従業員の活用を阻む最大の業務が更改業務です。膨大な更改案件の申込書作成や計上を、保険の募集人資格を持った従業員が、多くの時間をかけて行っているのです。この、能力のある従業員をよりお客様に近い仕事に従事させることができれば、代理店の生産性は間違いなく上がりますし、事

務所の雰囲気も明るくなります。このための最適なツールが
RPAです。

　RPA活用は切羽詰まった代理店から始まりました。更改
申込書類作成、計上入力、多拠点の成績集計といった業務が
最初の適用業務です。料金の高さ、要員不足なんて言ってお
れない状況だったのです。

　グループウェアを導入して成功している代理店には、社長
が自らグループウェアアプリを開発している代理店が結構あ
ります。私が知っている範囲では、最初のRPAユーザーは
そういう代理店です。

　RPAを使って更改業務の一部を自動化して成功している
という情報が口コミで伝わり始めると、同じ課題を抱えてい
る代理店がその代理店にベンチマークに行き、自社でまねし
て開発したり、最初の代理店で開発したアプリを移植（購入
して活用）したりしました。私が知る限り、すべて成功しま
した。

　そして、そのあとが興味あることですが、RPA適用業務
が徐々にではありますが、増えているのです。プラットフォー
ム費用は適用アプリを増やしても同じ料金ですから、コスト
効率を高めるには適用アプリを増やしたほうがいい、という
理由だけではないのです。RPAに任せたほうが、はるかに
仕事がはかどるし、精度が大幅に上がる業務が見つかってく
るからなのです。

　つまり、RPAが普及しない理由の③が見つかれば①②は
クリアーできるのです（もちろんそれなりの工夫は必要になり

ますが)。

　RPAは保険代理店の業務改革のエンジンになります。ま
た、RPAは代理店の持続性を大きく支えることになります。
これが生産性1500万円モデルでRPAを勧める理由です（実
はもっと大きな理由もありますが、後述します)。

⑧　RPA活用の3分野

　今までの経験からRPAを代理店が活用する分野は三つあ
ると考えます。

　一番目は単純な繰り返し作業です（図7-2)。

　これはRPAが最も得意としている分野で、ファイル間の
データコピペが典型的な活用事例です。代理店においては、
グループウェアに入力した対応履歴を保険会社システムの顧
客情報にコピペすることです。

[図7-2] 単純繰り返し作業

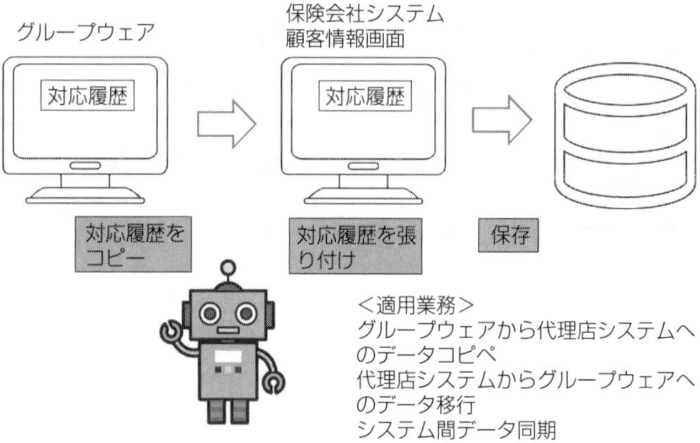

グループウェア

保険会社システム
顧客情報画面

対応履歴

対応履歴

対応履歴を
コピー

対応履歴を張
り付け

保存

＜適用業務＞
グループウェアから代理店システムへ
のデータコピペ
代理店システムからグループウェアへ
のデータ移行
システム間データ同期

　前述したように、ユーザーインタフェイスの柔軟性に優れたグループウェアをスケジューリング、ファイリング、顧客接点情報に活用している代理店は多くあります。そのような代理店は、対応履歴をグループウェアに入力し、翌日専任担当者がグループウェアから保険会社システムにデータをコピペしています。この作業は RPA が最も得意としているものです。作業としては単純で、ほぼ無条件に該当場所のデータをコピーして、特定場所に張り付けるというものです。

　この分野は RPA にとってみると非常にやさしいものですが、私はもっと大きな価値があると考えています。この作業は、見方を変えると複数システム間のデータ同期を行っているのです。少し専門的になりますが、システム間のアプリケーションインタフェイス（API）と呼ばれる機能の一部なのです。私は以前から、保険会社の業務系システムは API を公表して、市販の優れたシステムを取り込むべきだと主張していました。しかし、API の開発と公表は難易度が高く、かつ保険会社にとってのメリットも少ないので、現時点では開発意向を表明している会社はありません。ただし、金融機関は公益性の観点から API 開発を行わざるを得ない状況になってきています。API というのは固く閉ざされた業務系システムと柔軟な構造を持つ市販システムとの接点なのです。

　RPA 活用のこの分野は、限定的かも知れませんが、API の肩代わりになっているのです。システム間のデータ同期化ができると、代理店の日常業務における窓口システムを一元化できるようになります。代理店の担当者は 1 か所に入力すると、その情報が複数システムで同期がとれるので、窓口と

[図 7-3] 複雑な作業を伴う繰り返し作業

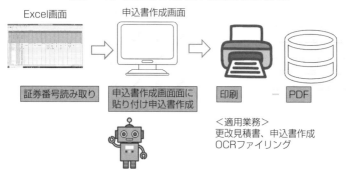

Excel画面　　申込書作成画面

証券番号読み取り　　申込書作成画面面に
貼り付け申込書作成

印刷　　PDF

＜適用業務＞
更改見積書、申込書作成
OCRファイリング

しているシステムで日常業務をすべてこなせるようになるのです。前項の最後に RPA を勧める大きな理由として書いたものがこれです。

　二番目は複雑な繰り返し作業です（図7-3）。

　この分野が最も大きなコスト効果が見込めるものです。事例としては更改見積書、申込書の作成です。

　代理店にとって見積書作成、申込書作成は売り上げの大半を占める更改に必須な作業です。量が多く、商品知識を必要とするものです。RPA 化するには難易度が高いものです。

　しかし、条件を絞ると複雑性が減ります。それは前年同条件の申込書類を作成することです。前年同条件の書類を作るのは日常業務として必須なので、この条件で作成するということは一定の作業を自動化することになります。

　多くの代理店の多くの更改申込は前年同条件で更改されています。個別の条件で作成される更改申込書類は件数が少ないので、その分だけを手作業で行うようにすれば、全体とし

て更改作業が減るということです。

　私が知っている限り、代理店のRPA活用はこの分野から起きており、期待した効果を得ていますので、今後の普及もこの分野が中心になると考えています。

　計上も似たような分野です。計上も条件を絞れればRPAで対応できます。

　同様の業務はこれからも続々出てくると思われます。この分野の業務が増えてくると、代理店におけるRPA活用はコスト効果を十分に出すことができ、活用が大きく広がると思われます。

　三番目は複雑なマッチングです（図7-4）。

　どの業界でもそうですが、日常使うコードは使用頻度が上がるにつれ細分化していき、当初の想定よりも複雑なコード体系になっていきます。代理店における担当者コードもそういう構造になっているようです。

[図7-4] 複数帳票のマッチング

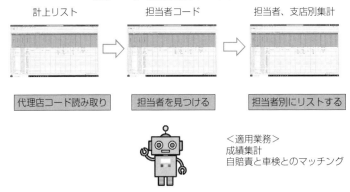

提携先との案分、代理店間での契約引継ぎ、合併代理店の識別等々で担当者コードは複雑になっています。

　代理店の規模が大きくなると、担当者ごとの成績管理や拠点ごとの成績管理が必要になってきます。挙績情報は保険会社システムからデイリーに入手できますが、担当者ごと、拠点ごとになると挙績情報に含まれる担当者コードだけでは判別することがむつかしい状況になっています。複雑な情報を持つ担当者コードと案件１件ごとに照合する必要があるわけです。これを人手で行うと膨大な作業量になり、しかもそれを行う人は高い能力を必要としますので、有為な人材の時間を費やすということになります。これが多くの、規模が大きな代理店における課題の一つです。

　この分野はRPAだけでは解決できません。担当者コードに関する深い業務知識、エクセルの関数やマクロの知識、それにRPAの開発スキルが必要になってきます。要件定義がむつかしいので、外部に開発を依頼することも困難です。

　この分野でRPAを適用して、デイリーに高い精度の成績管理を実現している事例があります。この分野はこれからますます規模が大きくなり、組織運営を必要とされる代理店にとって必須になる分野だと思われます。

　以上が、私が経験しているRPA適用分野です。おそらくこれから適用分野はもっと広がっていくと思われます。RPAは保険代理店業界においてはまだ緒に就いたばかりのIT活用分野です。これからの進展に注目すると同時に、推進していきたいと考えています。

9 RPA開発・運用

RPAを活用するためには、RPAを動かすプラットフォームソフト（以降プラットフォーム）とそのうえで動くアプリケーション（以降シナリオ）が必要です。プラットフォームはメーカーが提供するので、代理店としては使用料金を年払いもしくは月払いで払えば使えますが、これだけではRPAは動きません。シナリオ（RPAのもとで一連の操作を行うプログラム）が必要になるわけです。

それではシナリオはどうやれば入手できるかです。いくつかやり方がありますので紹介します。

一つ目は自分で開発するです。メーカーはシナリオ作成の研修を行っていますので研修に参加するとシナリオ作成スキルを習得できます。そして自分で開発するのです。サイボウズ等のグループウェアでアプリケーションを開発した人は、比較的スムーズにシナリオを開発できるようです。前項の一番目の業務、簡単な作業の繰り返しはそれほど難度は高くないように思えます。

ただし、代理店のRPA活用でコスト効果が出るのは二番目の複雑な繰り返し作業ですが、これは相当難度が高いといえます。最初にこの作業（申込書作成）をRPA化した代理店では半年近く開発に要したと聞いています。

二つ目は、外部に開発を依頼することです。現時点ではRPAを開発できるシステム会社はかなりあります。そうい

う会社に依頼するわけですが、難度が高い問題があります。それは開発会社に業務内容を伝えることです。この作業を要件定義と呼んでいますが、これがむつかしいのです。種目ごとの違い、契約内容のデータによる違いなどで、操作方法が異なることは現場の担当者は体で覚えています。しかし、外部の開発担当者は業務が分かりませんので、操作手順を文書で教えなければなりません。このことは一般的なシステム開発においても難度が高く、システム開発の失敗原因のトップになっているくらいですから、開発経験のない代理店にとっては相当難度が高いと思っていいでしょう。

　三つ目はすでに活用されているシナリオを買ってくることです。保険会社が同じであれば操作方法も同じですから、動いているシナリオを買って使うことは可能です。このやり方が現実的ではないかということで実際にやってみました。

　開発した代理店（売り手）はシナリオの動かし方をマニュアル化する必要があります。買い手である代理店は、プラットフォームの動かし方やRPAで使う技術用語など、売り手とコミュニケーションできるようにするための最小限のスキルは必要になります。メーカーの研修に出ておいた方がいいでしょう。こういう環境づくりができれば、比較的難度低く活用できた、というのが今までの複数事例です。もちろん一定の補正作業は生じます。パソコンの違いによる画面表示を補正するとか、操作方法は一緒だけど手順が異なるための補正とかありますが、それほどの期間を必要とするものではありません。

　したがって、このやり方は現実的なやり方だと考えています。

　一つ注意しなければならないのは、保険会社のシステムが何の通知もなく変わることがあるということです。画面の表示の仕方などですが、人間であれば無理なく対応できますが、ロボットはそうはいきません。その場合は、売り手の代理店も実務上対応しなければなりませんので、シナリオを修正します。そして買い手側に連絡して修正してもらうのです。この作業はずっと続きますので保守サービス契約を交わしておく必要があります。

　四番目のやり方は、三番目のやり方をより簡便にしたものです。正式名称はまだないと思いますので、ここではクラウドモデルと呼びます（図7-5）。

　クラウドモデルは、シナリオをクラウド上において、実行時にユーザー代理店のパソコンにダウンロードするもので

[図 7-5] クラウドモデル

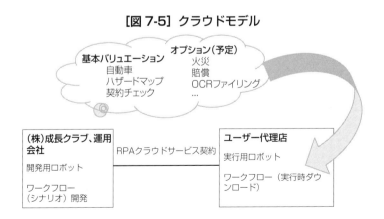

す。ユーザー代理店にはプラットフォームは常駐していない
といけませんが、シナリオは使う都度引っ張ってくればいい
というものです。この方法のいいところは、クラウド上のシ
ナリオを追加することが可能だということです。クラウド上
のシナリオは、この仕組みに参加している代理店であれば自
由に（有料ですが）使うことができます。また、ユーザーパ
ソコンに常駐しているプラットフォームは、開発する機能は
必要ありませんので、実行しかできないプラットフォームに
することができます。複数のメーカーは実行だけのプラット
フォームの料金を下げていますので、コストが減ります。

　ただし、自分でシナリオを修正したり、新しいシナリオを
開発したりすることはできませんので、独自性を求める代理
店には合わないでしょう。

　RPAはまだ入り口に立ったばかりという技術ですので、
これから思いもかけないような開発・運用手法が出てくると
思います。自分独自のシナリオを開発もできれば、出来合い
のシナリオをダウンロードして使うこともできる、そういう
運用に近づくことを期待しています。

　以上、グループウェアとRPAを中心に代理店のIT活用
について述べてきました。小規模中小企業である代理店には
資金面、人材面で壁があります。IT活用の有効性は分かっ
たとしても自社への適用に踏み込めない代理店を支援するこ
とはできないか、ということを考えて行ったのが株式会社成

長クラブ設立です。この章の最後に株式会社成長クラブの設
立経緯をご紹介します。

10　株式会社成長クラブ

　2015 年ごろだったと思います。ある代理店がグループウェ
アで満期管理を始めました。満期管理だけでなく、ファイル
共有、スケジューリングもそのシステムで行い、スケジュー
リングに日報機能まで組み入れました。このシステムを見る
までは、私は保険会社の代理店システムの機能拡大を身近に
見ていましたので、代理店の独自のシステム化はそれほどの
ニーズがないと考えていました。しかし、このシステムを複
数の代理店にデモしてもらったときの参加代理店の反応は驚
くべきものでした。

　保険会社のシステムは更改業務の一連の業務を行うために
は優れた機能を提供しており、2000 年代のシステムに比べ
ると代理店業務ははるかに利便性が増していました。しかし、
このグループウェアシステムは、代理店の日常業務をすべて
管理できるのです。その日やることが分かる、自分だけでな
く全員のスケジュールが分かる。さらに、やることが計上に
関することなのか、異動に関することなのかを色分けするこ
とが分かる。さらに、やったことを記録することができる。
条件を絞るとやり残しも分かる。これらの機能は保険会社の
システムとは全く分野が異なるものです。

　代理店の日常業務を管理状態に置くためには、保険会社シ
ステムとグループウェアを共存したほうがいいと考えました。

そのグループウェアのメーカーと話をして保険代理店用の
サポートチームを作ってもらえないかと交渉を始めました。
そのグループウェアを使用している代理店の数が多かったの
と、代理店による個別アプリケーション開発のニーズが大き
かったからです。この話にメーカーも関心を持っていきまし
たが結局実現しませんでした。社内で大分頑張ってもらった
のですが、メーカーとして新たな組織を作らなくても今まで
の組織でも十分に販売できているということだと推測しまし
た（私もメーカーにいましたのでおそらく当たっていると思いま
す）。メーカーの論理として当然だと思いましたので、この
件はあきらめました。

　しかし、数年後に同じことがRPAでも起きたのです。黎
明期のRPAでしたが、開発している代理店のヒアリングで
分かったことは、RPAの開発スキルと同じくらいもしくは
それ以上に業務知識が重要だということです。いずれRPA
が普及し、代理店でも使える環境になったとき、メーカーの
協力はやはり限定的になると考えました。とすると、資金力
のある代理店は要員採用から開発まで自力でできるが、そう
でない代理店はRPAの活用を断念せざるを得ない、そうい
う事態になることが想定できます。この事態を解決して、必
要としている代理店があればRPAを使えるようにしたい、
というのが発端です。

　その後、グループウェアについてもヒアリングしたところ、
ほとんどの代理店はグループウェアの機能を使いこなせてお
らず、カレンダーとファイル共有くらいしか使っていないと
いうことも分かりました。ヒアリングを進めていくと、グルー

プウェアを活用するための業務の整理ができていないことが
分かりました。

　以上のことから、代理店が IT を活用するためには、代理
店業務プロセスの知識を蓄積する専門組織が必要だと判断し
ました。グループウェアや RPA で解決できた業務をため込
んでいくと、代理店がやりたいと思っている業務に最も近い
解決事例を提示できると考えたのです。また、そういう事例
に通じた要員を育成できれば、代理店からの相談に応えやす
くなるとも考えました。いずれにしても、保険代理店に特化
した IT サポートチームを作りたいと思ったのです。そのた
めには私一人ではなく、チームとして動けるようにする、そ
して一定の資金を確保する、ということで会社組織にしよう
と考えました。このことを私が主催している勉強会、代理店
成長クラブのメンバーに相談して会社を立ち上げたというわ
けです。2020 年 5 月 (株) 成長クラブを立ち上げた経緯です。

　弊社 (成長クラブ) で行っていることは、メンバーからの
相談をもとに IT ソリューションを開発し、ニーズがあれば
販売することです。メンバーの中にはすでに RPA を活用し
ている代理店がありますので、それをほかの代理店に移植す
るという活動も行っています。少しずつですが、業務プロセ
スのノウハウも溜まっていっています。まだ一気に広げてい
くという状況ではありませんが、一定の量の業務プロセスノ
ウハウが溜まればより多くの代理店の IT 活用を支援できる
のではないかと思っています。弊社の役割は保険代理店の

IT化相談の窓口です。

((コラム))…代理店の資金量は増えた

　4章8に記述したように2006年と2021年に仕事のやり方と生産性の調査を行いました。調査の目的は、代理店の仕事のやり方のレベル測定と、レベルと生産性の相関分析です。この二つの分析結果が分かったとき、興味ある事実が分かりました。それは代理店の資金量の増加度合いです。以下ご説明します。

　4章8に記述したように、2006年調査では代理店の従業員数の平均は4.9人、生産性は平均723万円ですから、代理店の売上高は平均で3,543万円になります。人件費率が65%と仮定すると人件費を除いた投資可能資金は1,240万円になります。代理店はこの中から事務所賃貸料、交通費、マーケティング費用（主として接待費用）等を捻出していたわけです。IT投資に向かう資金はほぼなかったと言っていいでしょう。当然ながら私たち外部のコンサルタントへの支払金もほとんどなかったと思われます。必要な情報や研修やシステムは保険会社に頼らざるを得なかったと思われます。事実そのころは保険会社におんぶにだっこ、という言葉を聞いていました。

　2021年調査では代理店の従業員数の平均は12.6人になりました。2005年の2.5倍です。生産性は936万円です。売上高は1億1,800万円になります。2005年の3.3倍の

162

売上高です。一人当たりの人件費が2006年と同額だとすると、人件費を除いた投資可能資金量は5,871万円になり、2006年の4.7倍です。一人当たり人件費を2006年の1割増しとしても、人件費を除いた投資可能資金量は5,280万円となり4.3倍です。

　数字が多くてわかりづらいかもしれませんが、一言いえば代理店が使えるお金はこの15年で4倍以上になり、額は5000万円を超すということです。事務所の賃貸料や交通費、マーケティング費用等を差し引いても、結構なお金が残るのです。

　代理店の多くは経営者が創業者から2代目に変わってきています。2代目の特徴は一定の市場規模を持つ会社を任されたということです。私が知っている範囲ですが、2代目社長は市場動向にアンテナを張り、必要だと思ったら自腹で情報を集めています。また、保険会社の代理店システムだけに頼らず、少々の投資であればより便利でより使いやすいシステム投資を行います。

　リングの会という代理店の有志の勉強会に過ぎない団体が主催するオープンセミナーに、全国から1500人の参加者が集まるという現象が2010年以降続いています。交通費を払い、従業員の参加費用も払い参加をしているのです。代理店の資金量が増えたことを表している現象の一つかと思います。

　実は4章8の調査は統計的には信頼度は落ちます。というのは、調査対象とした代理店に偏りがあるからです。2021年調査のほうが生産性を重要視する代理店が多いの

です。したがって、今まで述べた数字は参考値として取り扱ったほうがいいと思います。

とはいえ、2006年も2021年もリングの会メンバーも調査対象にしており、その数字を見るとやはり2021年の投資可能資金量は2006年に比べ3倍以上増えています。ばらつきはありますが、この15年で代理店が使えるお金は大きく増えたということです。

代理店の今後のIT活用を考えるとき、使えるお金が多いということは重要な要因になります。技術革新によってITのコストは代理店が活用できるレベルになってきています。少し背伸びすれば今まで考え付かなかったようなこともできるようになるということです。

RPAはまさにその典型です。RPAプラットフォームの料金は決して安くはありませんが、それでもRPAを活用することで従業員の力をよりお客様に近い領域に持っていける、そう判断する代理店経営者は思い切った投資をする可能性が高いのです。

◉あとがき◉

最後までお読みいただきありがとうございます。

生産性を上げるということは企業の存在価値を高めることだと思っています。生産性は市場の評価だと考えます。市場が代理店を価値があるとみなせば、すべての保険契約をその代理店から加入しようという動機が生じます。お客様単価が上がり、生産性に反映されます。また、同じ保険料を少ない作業量でこなすことができれば、作業量当たりの売り上げが増え、生産性向上に寄与します。このようにして高くなった生産性は、おそらく従業員の心に勇気や自信を与えると思います。また、お客様はそういう代理店と付き合っていることを満足に思うでしょう。

私がお付き合いさせていただいている代理店も、生産性が上あがるにつれ社長だけでなく従業員の顔も明るくなり、事務所が明るくなっていきています。生産性というのはそのような効果があると思います。

生産性1500万円というのは人が集まってくるあかしだと思います。夢ではなく着実な日常活動から生み出せるものです。この本に書いていることは、実績で確かになっているものと、まだ仮説段階のものとがあります。

15年前、前著を出したときは、ほとんどが仮説でした。仮説は皆さま（保険会社、代理店、保険関連者）と一緒に、多くの繰り返し活動を経て実績として示すことができるようになりました。

この本で書いていることも皆さまとご一緒に実績を積み重ねていきたいと思います。

事項索引

168

著者紹介

尾 籠 裕 之（おごもり　ひろゆき）

日本アイ・ビー・エム（株）の保険事業部を経て2009年（株）業務プロセス研究所を設立した。

大手損保会社の代理店業務改善プログラムをアドバイザーとして支援し、代理店の生産性向上に向けた活動を続けている。

代理店の生産性向上を実現する仕事のやり方を「代理店成長モデル」として提唱し、培った経験をもとに2018年から「代理店成長塾」を主宰している。

2020年、代理店有志の出資で（株）成長クラブを設立し、生産性1500万円モデルを代理店成長モデルの後継版として立ち上げた。

主な著書に「保険代理店の「戦略的事務構築論」」（2006年）、「東京海上日動の抜本戦略」（2013年）、「保険代理店成長モデル」（2017年、いずれもINSPRESS@績文堂）がある。

保険代理店の生産性 1500 万円モデル

著　　者	尾　籠　裕　之
初版第 1 刷	2021 年 9 月 1 日発行
初版第 2 刷	2022 年 8 月 20 日発行

発　行　所　株式会社保険毎日新聞社

　　　　　　〒110-0016　東京都台東区台東4-14-8

　　　　　　　　　　　シモジンパークビル2F

　　　　　　TEL 03-5816-2860／FAX 03-5816-2863

　　　　　　URL https://www.homai.co.jp/

発　行　人　森　川　正　晴

カバーデザイン　塚　原　善　亮

印刷・製本　モリモト印刷株式会社

©2021　OGOMORI Hiroyuki　　Printed in Japan

ISBN978-4-89293-443-8